纪律教育手册

以案说纪版

中国法制出版社

图书在版编目（CIP）数据

纪律教育手册：以案说纪版／中国法制出版社编．—北京：中国法制出版社，2024.4
　ISBN 978-7-5216-4440-1

　Ⅰ.①纪… Ⅱ.①中… Ⅲ.①国家机关工作人员-纪律检查-案例-中国 Ⅳ.①D630.3

中国国家版本馆CIP数据核字（2024）第070688号

责任编辑：秦智贤　　　　　　　　　　　　　封面设计：李　宁

纪律教育手册：以案说纪版
JILÜ JIAOYU SHOUCE：YI AN SHUO JI BAN

经销/新华书店
印刷/三河市紫恒印装有限公司
开本/880毫米×1230毫米　32开　　　　　　印张/8.25　字数/106千
版次/2024年4月第1版　　　　　　　　　　　2024年4月第1次印刷

中国法制出版社出版
书号 ISBN 978-7-5216-4440-1　　　　　　　　定价：35.00元

北京市西城区西便门西里甲16号西便门办公区
邮政编码100053　　　　　　　　　　　　　传真：010-63141600
网址：http://www.zgfzs.com　　　　　　　编辑部电话：010-63141798
市场营销部电话：010-63141612　　　　　　印务部电话：010-63141606

（如有印装质量问题，请与本社印务部联系。）

前 言

2023年12月8日，中共中央政治局会议第三次修订《中国共产党纪律处分条例》（以下简称《纪律处分条例》），该条例于2023年12月19日发布，自2024年1月1日起施行。《纪律处分条例》是管党治党的重要基础性法规。党的十八大以来，党中央三次修订《纪律处分条例》，始终坚持严的基调，不断完善纪律规矩，释放了从严治党越来越严、越往后执纪越严的强烈信号，充分彰显了我们党推进自我革命的坚定决心和坚强意志。这次修订《纪律处分条例》的主旨要义是：(1) 严明政治纪律和政治规矩；(2) 加强全方位管理和经常性监督；(3) 引导激励党员干部敢于担当、积极作为；(4) 坚持党性党风党纪一起抓；(5) 促进执纪执法贯通。

为便于广大党员干部深入学习党的六大纪律，我们特组织编写了本书，依据《纪律处分条例》及相关法规，从中央纪委国家监委网站、地方各级纪委监委网站等选取相关典型案例，以问答、案例相结合的形式重点梳理了常见的违纪类型，并选取清廉典故和廉洁故事作为拓展阅读，涵养廉洁文化，附录《纪律处分条例》全文以及相关法规。

警示案例——以案说纪，以案促改，引以为戒

廉洁修身——涵养廉洁文化，增强拒腐防变能力

附录文件——全文收录《纪律处分条例》以及相关法规

增值服务——随书附赠《纪律处分条例》修订前后对照表电子版

希望本书能够帮助广大党员干部学习理解、贯彻落实党的纪律要求，做到学纪、知纪、明纪、守纪！此外，对于本书的不足之处，还望读者不吝批评指正！

编者

2024 年 4 月

《纪律处分条例》修订前后对照表

扫码下载

目 录
CONTENTS

第一篇 警示案例

一、政治纪律

1. 搞投机钻营,结交政治骗子的,应当给予什么处分? / 003

2. 搞劳民伤财的"形象工程"、"政绩工程"的,应当给予什么处分? / 006

3. 在党内搞团团伙伙的,应当给予什么处分? / 009

4. 对党不忠诚不老实,搞两面派、做两面人的,应当给予什么处分? / 012

5. 培植个人势力的,应当给予什么处分? / 014

6. 搞迷信活动的,应当给予什么处分? / 017

7. 组织调查期间"玩失踪"的，应当给予什么处分？／019

8. 在组织进行谈话函询时，串供、编造事实、提供虚假情况的，应当给予什么处分？／022

二、组织纪律

9. 弄虚作假，伪造身份，违规发展党员的，应当给予什么处分？／026

10. 拉票贿选的，应当给予什么处分？／030

11. 违反个人有关事项报告规定，隐瞒不报的，应当给予什么处分？／033

12. 违规组织、参加自发成立的老乡会、校友会的，应当给予什么处分？／036

13. 用人失察失误造成严重后果的，应当给予什么处分？／039

三、廉洁纪律

14. 挪用、贪污公款用于炒股的，应当给予什么处分？／042

15. 滥用职权、以权谋私的，应当给予什么处分？／045

16. 以委托理财为名收受贿赂的，应当给予什么处分？/ 048

17. 违规操办子女婚庆事宜的，应当给予什么处分？/ 051

18. 公款吃喝、违规接受宴请的，应当给予什么处分？/ 054

19. 退休后违规接受宴请的，应当给予什么处分？/ 057

20. 违反规定经商的，应当给予什么处分？/ 059

21. 公车私用、私车公养的，应当给予什么处分？/ 062

22. 使用"空白公函"报销的，应当给予什么处分？/ 065

23. 退休后利用原职权或者职务影响谋利的，应当给予什么处分？/ 068

24. 基层群众性自治组织中从事管理的人员贪腐的，应当给予什么处分？/ 071

四、群众纪律

25. 违规摊派的，应当给予什么处分？/ 075

26. 违规收取管理费的，应当给予什么处分？/ 077

27. 不按照规定公开党务、政务、厂务、村（居）务的，应当给予什么处分？/ 080

五、工作纪律

28. 工作中有形式主义、官僚主义行为，造成严重损害或者严重不良影响的，应当给予什么处分？/ 084

29. 泄露应当保密的资料的，应当给予什么处分？/ 087

30. 因公临时出国（境），擅自延长期限，或者擅自变更路线的，应当给予什么处分？/ 089

六、生活纪律

31. 沉迷赌博，甚至因赌生腐，演变为受贿行贿的，应当给予什么处分？/ 092

32. 不重视家风建设，对配偶、子女及其配偶失管失教，造成不良影响或者严重后果的，应当给予什么处分？/ 095

33. 在网络上造谣、传谣的，应当给予什么处分？/ 099

第二篇　廉洁修身

1. 不矜细行，终累大德 / 105
2. 物必先腐，而后虫生 / 105
3. 莫用三爷，废职亡家 / 106
4. 公生明，廉生威 / 107
5. 大贤秉高鉴，公烛无私光 / 108
6. 坚守初心、不改本色 / 108
7. 亲民爱民、艰苦奋斗、科学求实、迎难而上、无私奉献 / 109
8. 在荣誉上不伸手，在待遇上不伸手，在物质上不伸手 / 110
9. 敢于担当、勇于创新、崇法尚德、公正为民 / 111
10. 坚韧执着、无私奉献 / 113

附　　录

中国共产党廉洁自律准则 / 115
（2015 年 10 月 18 日）

中国共产党纪律处分条例／116

（2023年12月19日）

中国共产党巡视工作条例／179

（2024年2月8日）

中华人民共和国监察法／204

（2018年3月20日）

中华人民共和国公职人员政务处分法／229

（2020年6月20日）

第一篇 警示案例

一、政治纪律

1. 搞投机钻营，结交政治骗子的，应当给予什么处分？

基本案情

2017年至2022年，时任某出版传媒集团有限公司党委书记、董事长陈某某为了短期内提升政绩，置党中央关于国有文化企业要坚持立足主业发展的方针政策于不顾，未经省国有文化资产监督管理与产业发展领导小组办公室批准，扩大投资规模，偏离文化主业发展，大肆开展汽车、钢材等大宗贸易，茶叶融资性贸易和开发房地产等非主营业务投资。其中，大宗贸易占总贸易比例达到73%—93%，预付茶叶货款面临1.3亿元损失风险，公司所属某文化广场项目中书城项目面积所占比例仅8%。

2022年6月，陈某某察觉自己被组织核查后，经其下属介绍认识了"政治骗子"赵某某、李某。赵某某、李某提出承接工程的要求，陈某某立即同意并安排下属公司与某工程公司签订战略合作框架协议，李某从中可分包30%的工程。2022年9月，陈某某被省监委留置后，相关战略合作框架协议合作终止。

此外，陈某某还存在对抗组织审查等违反政治纪律和其他严重违纪违法问题，受到开除党籍、开除公职处分，涉嫌犯罪问题被移送检察机关依法审查起诉。

以案说纪

所谓政治骗子，就是通过虚构"特殊身份"，把自己伪装成高级干部的亲属、朋友、身边工作人员等，他们散布所谓的"内幕消息"，以"牵线搭桥"、"提拔重用"、"摆案抹案"等政治利益诱惑骗取他人信任，从而达到骗权、骗钱、骗项目的目的。[1]

政治纪律是党最根本、最重要的纪律，遵守党的政治纪律是遵守党的全部纪律的基础。全党特别是高级干部必须严格遵守党的政治纪律和政治规矩。

习近平总书记强调，要持之以恒净化政治生态。坚

---

[1] 《共产党员纪律学习一本通》，中国方正出版社2024年版，第35页。

持激浊和扬清并举，严明政治纪律和政治规矩，严肃党内政治生活，破"潜规则"，立"明规矩"，坚决防止搞"小圈子"、"拜码头"、"搭天线"，有力打击各种政治骗子，严格防止把商品交换原则带到党内。坚持不懈整治选人用人上的不正之风，推动形成清清爽爽的同志关系、规规矩矩的上下级关系，促进政治生态山清水秀。

党员干部特别是领导干部应当警醒：要想不被政治骗子欺骗，就要从补足精神之钙抓起。既要加大查处力度，铲除政治骗子生存空间、净化被污染的政治生态，又要引导广大党员干部树立正确的权力观，加强日常监督，及时咬耳扯袖，把问题解决在萌芽之中。

新修订的《纪律处分条例》[①] 对结交、充当政治骗子的行为新增处分规定，其中第五十五条明确规定："搞投机钻营，结交政治骗子或者被政治骗子利用的，给予严重警告或者撤销党内职务处分；情节严重的，给予留党察看或者开除党籍处分。充当政治骗子的，给予撤销党内职务、留党察看或者开除党籍处分。"

---

① 《中国共产党纪律处分条例》，2023 年 12 月 8 日中共中央政治局会议第三次修订，以下简称《纪律处分条例》。

法规链接

《纪律处分条例》第五十五条

2. 搞劳民伤财的"形象工程"、"政绩工程"的,应当给予什么处分?

基本案情

2013年,陈某某任某市委书记后不久,就提出打造"××生态文化走廊",并提出按照一比一的比例复制古厝,建设6个驿站。陈某某考虑的不是如何带来长远效益,而是想突击建设,让上级领导看到自己的政绩。陈某某未对项目进行深入的调研论证和可行性研究,却专门带了一个风水师去选址看风水、调整方向。6座仿古驿站总花费达2.11亿元,每座规模都相当大,最大的一座占地6万多平方米。建成后,大多数驿站长期荒废闲置,维护成本高昂。

又如,某市原本规划建一座戏院,但陈某某提出要改建歌剧院。在陈某某一意孤行之下,歌剧院仅前期设计就耗资 2700 多万元，主体工程合同价格则达 2 亿多元。歌剧院项目因不符合当地实际，加上投资规模太大，在陈某某调离某市后不久就陷入停滞，最终沦为"半拉子工程"。

此外，陈某某还存在违规收受礼品、接受吃请等"四风"问题，利用职权巨额敛财的腐败问题。陈某某严重违反党的政治纪律、组织纪律、廉洁纪律、工作纪律和生活纪律，构成严重职务违法并涉嫌受贿、贪污、滥用职权犯罪，受到开除党籍处分、开除公职处分；被终止某省第十一次党代会代表资格；被收缴违纪违法所得；其涉嫌犯罪问题移送检察机关依法审查起诉。

2023 年 9 月 5 日，法院对陈某某以受贿罪判处无期徒刑，剥夺政治权利终身，并处没收个人全部财产，以贪污罪判处有期徒刑 7 年，并处罚金人民币 30 万元，以滥用职权罪判处有期徒刑 8 年，决定执行无期徒刑，剥夺政治权利终身，并处没收个人全部财产。

📋 以案说纪

陈某某在担任某市委书记期间大搞"形象工程"、"政绩工程"，作决策、办事情不遵循客观规律，不考虑自身条件，不分析资源禀赋和环境承载，不计投入成本，不算产出收益，造成严重失误和浪费。决策前不经调研论证，决策时搞"一言堂"，独断专行，造成国有资金巨额损失。

树立和践行正确政绩观，起决定性作用的是党性。党员干部要加强党性锤炼与修养，摒弃私心杂念，把为群众办了多少好事实事作为检验政绩的重要标准，更好地满足人民群众对美好生活的向往。

2018年《纪律处分条例》将搞劳民伤财的"形象工程"、"政绩工程"规定为违反群众纪律的行为，对该类违纪行为处以警告直至开除党籍处分。2023年修订的《纪律处分条例》为更好服务保障党和国家大局，将搞"形象工程"、"政绩工程"的行为调整到违反政治纪律的行为，并作出严厉的处分规定："党员领导干部政绩观错位，违背新发展理念、背离高质量发展要求，给党、国家和人民利益造成较大损失的，给予警告或者严重警告处分；情节较重的，给予撤销党内职务或者留党察看处分；情节严重的，给予开除党籍处分。搞劳民伤财的'形象工程'、'政绩工程'的，从重或者加重处分。"

法规链接

《纪律处分条例》第五十七条

3. 在党内搞团团伙伙的，应当给予什么处分？

基本案情

李某某，某省文化和旅游厅原党组书记、厅长。李某某丧失理想信念、背弃"两个维护"，搞"七个有之"，组织"小圈子"、"小团伙"，落实党中央重大决策部署打折扣、搞变通，不履行全面从严治党第一责任人责任，不信组织信关系，严重污染任职地方政治生态；毫无组织原则，任人唯亲唯利唯圈，严重破坏选人用人风气；政绩观扭曲，好大喜功、急功近利、华而不实，不顾地方发展实际，漠视群众利益，搞形式主义、官僚主义；无视中央八项规定精神，违规收受礼品礼金，接受可能影响公正执行公务的宴请、旅游和娱乐活动安排；寡廉鲜耻、毫无道德底线，大搞权色、钱色交易；贪婪无度，官商勾结，大搞权钱交易，非法收受巨额财物。

李某某严重违反党的政治纪律、中央八项规定精神、组织纪律、廉洁纪律、群众纪律、工作纪律、生活纪律，构成严重职务违法，并涉嫌受贿犯罪，在党的十八大甚至十九大后仍不收敛、不收手，性质恶劣，情节严重，应予严肃处理，给予李某某开除党籍处分、开除公职处分；收缴其违纪违法所得；将其涉嫌犯罪问题移送检察机关依法审查起诉，所涉财物一并移送。

以案说纪

我们党历来反对破坏党的团结统一的任何形式非组织活动。《纪律处分条例》第五十四条对在党内搞团团伙伙、结党营私、拉帮结派、政治攀附、培植个人势力等非组织活动作出了明确的处分规定。其中，团团伙伙具有派系、圈子的初步特征，主要通过亲亲疏疏、拉拉扯扯等非组织活动结成利益同盟，互相提携、互通款曲。这种非组织活动破坏党的团结和集中统一，损害党内政治生态和党的形象，影响党和人民事业发展。

《关于新形势下党内政治生活的若干准则》规定，党员、干部特别是高级干部不准在党内搞小山头、小圈子、小团伙，严禁在党内拉私人关系、培植个人势力、结成利益集团。对那些投机取巧、拉帮结派、搞团团伙伙的人，要严格防范，依纪依规处理。

《纪律处分条例》第五十四条对在党内搞团团伙伙的违纪行为作出明确的处分规定，为打破团团伙伙现象提供了纪律尺度："在党内搞团团伙伙、结党营私、拉帮结派、政治攀附、培植个人势力等非组织活动，或者通过搞利益交换、为自己营造声势等活动捞取政治资本的，给予严重警告或者撤销党内职务处分；导致本地区、本部门、本单位政治生态恶化的，给予留党察看或者开除党籍处分。"

法规链接

《中国共产党章程》第三条；《关于新形势下党内政治生活的若干准则》；《纪律处分条例》第五十四条

4. 对党不忠诚不老实，搞两面派、做两面人的，应当给予什么处分？

基本案情

2016年至2020年，时任某县委书记赵某某，表面上表态坚决贯彻党中央关于生态文明建设的决策部署，背后却纵容、支持某企业在某江流域开发房地产项目中非法挖山采石、破坏生态环境，并收受该企业主财物。2018年下半年，中央生态环境保护督察组三次向某县政府交办反映该问题的信访件。赵某某在安排信访件调查处理时要求"对上级回复少说问题，如果存在问题在县内及时整改"，在报告调查结论时要求该县政府以地产项目"没有严重破坏山体行为"、"是排险及场平，不是采石场"等理由搪塞回避问题，否认非法采石，将严重失实的调查报告上报中央生态环境保护督察组。经评估，该企业违规开发行为造成国家矿产资源、生态环境经济损失1.12亿元。

此外，赵某某还存在对抗组织审查等违反政治纪律和其他严重违纪违法问题，受到开除党籍、开除公职处分，涉嫌犯罪问题被移送检察机关依法审查起诉。

以案说纪

实践中，有的党员干部说一套、做一套，台上一套、台下一套，当面一套、背后一套，对党不忠诚不老实，表里不一，阳奉阴违，欺上瞒下，搞两面派，做两面人，违背党员义务，损害党的团结和统一，损害党和人民利益，涣散党的组织，损害党的形象，危害很大。

根据《中国共产党章程》第三条的规定，维护党的团结和统一，对党忠诚老实，言行一致，坚决反对一切派别组织和小集团活动，反对阳奉阴违的两面派行为和一切阴谋诡计，是党员必须履行的义务。

党员干部应该言行一致、表里如一，要树立和发扬好的作风，既严以修身、严以用权、严以律己，又谋事要实、创业要实、做人要实。做人要实，就是要对党、对组织、对人民、对同志忠诚老实，做老实人、说老实话、干老实事，襟怀坦白，公道正派。

《纪律处分条例》第五十八条对搞两面派、做两面人的违纪行为作出明确的处分规定："对党不忠诚不老实，表里不一，阳奉阴违，欺上瞒下，搞两面派，做两面人，在政治上造成不良影响的，给予警告或者严重警告处分；情节较重的，给予撤销党内职务或者留党察看处分；情节严重的，给予开除党籍处分。"

法规链接

《中国共产党章程》第三条；《关于新形势下党内政治生活的若干准则》；《纪律处分条例》第五十八条

5. 培植个人势力的，应当给予什么处分？

基本案情

2001年至2019年，赵某某在担任某省供销社党组副书记、党组书记、副主任、主任等职务期间，通过向人事部门及下属企业打招呼、在党组会上率先发言等手段，将与其关系密切并多次向其行贿的多名下属先后提拔、重用为某省供销社下属企业主要管理人员，以达到其掌控省供销社主要下属企业的目的。赵某某要求他们对其感恩戴德、言听计从，甚至根据其指令实施违纪违法活动。

此外,赵某某还存在对抗组织审查等违反政治纪律和其他严重违纪违法问题,受到开除党籍、开除公职处分,涉嫌犯罪问题被移送检察机关依法审查起诉。

以案说纪

所谓的培植个人势力,是指利用职权或者职务影响,违反组织原则和组织程序,通过提升职务、安排岗位、输送利益等方式,培植、拉拢他人为自己效忠,将党员干部形成可以为个人所用的小帮派、小团伙等势力。搞团团伙伙、拉帮结派、培植个人势力等非组织活动,从本质上都是抛开正常的组织原则和程序,私自结成一个利益团伙,严重削弱党的凝聚力和战斗力,应当受到党纪的严惩。[1]

《纪律处分条例》第五十四条对培植个人势力的违纪行为作出明确的处分规定,为打破团团伙伙现象提供了纪律尺度:"在党内搞团团伙伙、结党营私、拉帮结派、政治攀附、培植个人势力等非组织活动,或者通过

---

[1] 《换届纪律手册》,中国方正出版社2021年版,第16页。

搞利益交换、为自己营造声势等活动捞取政治资本的，给予严重警告或者撤销党内职务处分；导致本地区、本部门、本单位政治生态恶化的，给予留党察看或者开除党籍处分。"

此外，赵某某在干部选拔任用工作中任人唯亲，违反干部选拔任用规定，违反了党的组织纪律，亦应当受到严肃处理。《纪律处分条例》第八十四条第一款规定："在干部选拔任用工作中，有任人唯亲、排斥异己、封官许愿、说情干预、跑官要官、突击提拔或者调整干部等违反干部选拔任用规定行为，对直接责任者和领导责任者，情节较轻的，给予警告或者严重警告处分；情节较重的，给予撤销党内职务或者留党察看处分；情节严重的，给予开除党籍处分。"

法规链接

《中国共产党章程》第三条；《关于新形势下党内政治生活的若干准则》；《纪律处分条例》第五十四条、第八十四条

6. 搞迷信活动的，应当给予什么处分？

基本案情

2008年至2011年，时任A市副市长秦某为谋求"祛病消灾保官运"，两次请"风水术士"到其父亲墓前看风水、"烧符作法"；2014年下半年，再次请"风水术士"为其画符并按要求随身携带。2015年5月，秦某在担任B市市长期间，听信属相"相生相克"说法，并前往寺庙求证与其"相生相克"的生肖，后据此更换身边工作人员。

此外，秦某还存在对抗组织审查等违反政治纪律和其他严重违纪违法问题，受到开除党籍、开除公职处分，涉嫌犯罪问题被移送检察机关依法审查起诉。

以案说纪

《关于新形势下党内政治生活的若干准则》规定："党员不准搞封建迷信，不准信仰宗教，不准参与邪教，不准纵容和支持宗教极端势力、民族分裂势力、暴力恐怖势力及其活动。"严格落实这"四个不准",要求党员干部必须坚定共产主义理想信念,不信仰宗教,不参加宗教活动,坚决与邪教组织作斗争。

理想信念是中国共产党人的精神支柱和政治灵魂,也是保持党的团结统一的思想基础。现实生活中一些党员干部背离了党的辩证唯物主义世界观,不信马列信鬼神。党员如果搞迷信活动,就意味着其理想信念的动摇和滑坡。理想信念动摇是最危险的动摇,理想信念滑坡是最危险的滑坡。每一个党员干部都要为实现共产主义远大理想而奋斗,在党言党,在党忧党,在党为党,做到对党绝对忠诚,而不能到封建迷信中寻找自己的价值和信念,更不能步入歧途,堕入邪教、纵容和支持非法犯罪活动,走上不归路。

《纪律处分条例》第七十条第一款、第二款规定,组织迷信活动的,给予撤销党内职务或者留党察看处分;情节严重的,给予开除党籍处分。参加迷信活动或者个人搞迷信活动,造成不良影响的,给予警告或者严重警告处分;情节较重的,给予撤销党内职务或者留党察看处分;情节严重的,给予开除党籍处分。

法规链接

《关于新形势下党内政治生活的若干准则》;《纪律处分条例》第七十条

7. 组织调查期间"玩失踪"的，应当给予什么处分？

基本案情

某市某区某街道党工委委员、办事处副主任谢某某在一年内先后9次驾驶公车办私事。区纪委接到群众举报和违章信息后，立即向某街道及谢某某本人调查核实。

某街道明确表示并未安排谢某某到上述地点开展工作，谢某某却指使其挂点的某街道某村出具不实证明，企图蒙混过关。调查人员要求其作出详细情况说明，谢某某竟玩起了"失踪"的把戏：采取回避、推诿、不接电话、通知不到等方式拒不接受组织调查。其间，调查组先后6次到某街道，希望就调查情况与谢某某见面沟通，谢某某每次一听说纪委找他，就立即外出躲避，并关闭手机，致使调查工作严重受阻。此后，调查组经多方调查取证,查清了谢某某顶风违纪使用公车、拒不接受组织调查的违纪事实。区纪委给予谢某某党内严重警告处分,并免去其街道党工委委员、办事处副主任职务。

以案说纪

根据《纪律处分条例》第一百一十七条的规定,违反有关规定使用公务交通工具的,对直接责任者和领导责任者,情节较重的,给予警告或者严重警告处分;情节严重的,给予撤销党内职务或者留党察看处分。本案中,谢某某公车私用,在纠治"四风"高压态势下,仍然顶风违纪,触碰纪律红线,应当给予党纪处分。

然而,区纪委接到群众举报后调查核实有关信息时,谢某某却指使某街道某村出具不实证明。后来,调查人员要求谢某某作出详细情况说明时,谢某某又玩起了"失踪"的把戏,采取回避、推诿、不接电话、通知不到等方式拒不接受组织调查。根据《纪律处分条例》第六十三条的规定,对抗组织审查的,给予警告或者严重警告处分;情节较重的,给予撤销党内职务或者留党察看处分;情节严重的,给予开除党籍处分。

根据《公职人员政务处分法》第十三条的规定，公职人员串供或者伪造、隐匿、毁灭证据的，应当从重给予政务处分。根据该法第六十二条的规定，有关机关、单位、组织或者人员拒不配合或者阻碍调查的，由其上级机关、主管部门、任免机关、单位或者监察机关责令改正，依法给予处理。

根据《监察法》第六十三条的规定，有关人员违反本法规定，不按要求提供有关材料，拒绝、阻碍调查措施实施等拒不配合监察机关调查的，由其所在单位、主管部门、上级机关或者监察机关责令改正，依法给予处理。

对党忠诚老实，是党章对党员的基本要求，也是党员的基本义务。近年来，部分党员干部在实施违纪行为后，特别是其违纪行为开始被组织调查后，往往实施对抗组织审查行为。实践中出现较多的是，被审查人在与其存在权钱交易关系的人员接受组织调查后，通过转移赃款赃物、订立攻守同盟、组织相关涉案人外逃、打探案情等方式，企图逃避组织调查。此类行为应认定为违反政治纪律行为，根据情节轻重给予警告直至开除党籍处分。

法规链接

《纪律处分条例》第六十三条、第一百一十七条；《公职人员政务处分法》第十三条、第六十二条；《监察法》第六十三条

8. 在组织进行谈话函询时，串供、编造事实、提供虚假情况的，应当给予什么处分？①

基本案情

徐某，中共党员，A 省交通运输厅原党组成员、副厅长。2020 年 10 月，徐某接受私营企业主陈某请托，利用职务上的便利为陈某在 A 省承接道路工程项目提供帮助，收受陈某现金 20 万元。2021 年 3 月，A 省纪委监委接到反映徐某在工程领域以权谋私的匿名举报，经研判认为举报信反映的问题线索较为笼统，可查性不强，决定对徐某进行函询。徐某随即与陈某串供，统一

---

① 徐某对抗组织审查案，中央纪委国家监委 2022 年指导性案例第 3 号，总第 10 号。

口径声称上述20万元系借款,并伪造了借据、收条,制造了借款、还款假象。此后,徐某在给A省纪委监委的书面回复中,自称因儿子生病住院急需用钱,曾向承接A省道路工程项目的私营企业主陈某借款20万元,已经归还,但并未利用职权帮助陈某承接工程,也没有任何以权谋私的行为,同时主动表示向管理服务对象借款确有不妥,愿意承认错误、接受处理。A省纪委监委收到函询回复后,认为徐某问题较为轻微,对其予以批评教育。2022年1月,A省纪委监委接到反映徐某收受陈某贿赂的信访举报,初步核实后对徐某涉嫌违纪违法问题立案审查调查,查明其收受陈某20万元贿赂的事实。同年5月,徐某受到开除党籍、开除公职处分,其涉嫌受贿犯罪问题被移送检察机关依法审查起诉。

以案说纪

对党忠诚是共产党人首要的政治品质。忠诚是纯粹的、无条件的,党员在任何时候都要做到对党忠诚老实,特别是在犯错误后,更应当相信组织、依靠组织,认真反省检讨,积极配合组织查清事实,决不能欺骗组织、对抗审查,妄图以此逃避处理。

徐某在回复组织函询时，不是出于畏惧、侥幸心理简单否认问题，而是按照与陈某串供的情况编造事实，提供虚假情况，企图逃避处理。实际上，徐某不如实回复组织函询和串供、伪造证据的行为，是出于对抗审查、逃避处理的主观故意，本质上反映的是党员对组织不忠诚不老实的政治问题，应当认定为违反政治纪律。根据《纪律处分条例》第六十三条的规定，对抗组织审查的，给予警告或者严重警告处分；情节较重的，给予撤销党内职务或者留党察看处分；情节严重的，给予开除党籍处分。

根据《公职人员政务处分法》第十三条的规定，公职人员串供或者伪造、隐匿、毁灭证据的，应当从重给予政务处分。根据该法第六十二条的规定，有关机关、单位、组织或者人员拒不配合或者阻碍调查的，由其上级机关、主管部门、任免机关、单位或者监察机关责令改正，依法给予处理。

根据《监察法》第六十三条的规定，有关人员违反本法规定，提供虚假情况，掩盖事实真相的，以及串供或者伪造证据的，由其所在单位、主管部门、上级机关或者监察机关责令改正，依法给予处理。

本案中，徐某为掩盖受贿问题，在与他人串供、伪造证据后才回复函询，明显具有欺骗组织、逃避惩处的主观动机，其行为的"对抗性"特征十分典型，其不如实回复组织函询和串供、伪造证据的行为，应当依照《纪律处分条例》第六十三条的规定给予党纪处分。

法规链接

《纪律处分条例》第二十条、第六十三条、第八十一条；《公职人员政务处分法》第十三条、第六十二条；《监察法》第六十三条

二、组织纪律

9. 弄虚作假，伪造身份，违规发展党员的，应当给予什么处分？

基本案情

2013年6月，仝某某请托时任某市某区委组织部副部长赵某某帮助其儿子仝某办理入党手续。赵某某向其提供了空白《入党志愿书》，并安排时任某市某区委党校办公室主任王某某，在仝某未实际参加培训的情况下，办理了《入党积极分子培训班结业证》。

随后，仝某某请托时任某市第二中学副校长段某某，请其帮助办理仝某入党手续。段某某分别找到时任该校党总支副书记、副校长罗某某，时任某市某区教育局党办主任许某某帮忙，违规办理了仝某中共预备党员手续。2013年8月，仝某被某学院录取后，其党组织关系一并转入。2018年7月毕业后，仝某的党组织关系转回某市。

仝某入党手续弄虚作假、入党程序严重违规，某市委组织部根据某市纪委监委调查结果，依据《中国共产党发展党员工作细则》有关规定，作出对仝某党员身份不予承认的决定。

仝某某等公职人员还有其他违纪行为，均被某市纪委监委作出相应处分：(1) 某市人大常委会副秘书长、办公室副主任、研究室主任仝某某，严重违反组织纪律，伙同他人伪造仝某应届生和党员身份，决定给予其留党察看一年、政务撤职处分。(2) 某市某区农业农村局党组书记、局长赵某某，在担任某市某区委组织部副部长期间，严重违反组织纪律，决定给予其撤销党内职务、政务撤职处分。(3) 某市某区某乡联合学校校长许某某，在担任某市某区教育局党办主任期间，违反组织纪律，决定给予其党内严重警告处分，免去其现任职务。(4) 某市某区农业机械发展中心主任王某某，在担任某市某区委党校办公室主任期间，违反工作纪律，决定给予其党内严重警告处分，免去其现任职务。(5) 某市第二中学党委书记段某某，在担任某市第二中学副校长期间,违反组织纪律,决定给予其党内警告处分,免去其现任职务。(6)某市某区教育科技局副科级干部罗某某,在担任某市第二中学党总支副书记、副校长期间,违反组织纪律,决定给予其党内警告处分。

以案说纪

党员是党的肌体的细胞和党的活动的主体,发展党员工作是党的建设一项经常性重要工作。《中国共产党章程》第五条第一款、第二款规定:"发展党员,必须把政治标准放在首位,经过党的支部,坚持个别吸收的原则。申请入党的人,要填写入党志愿书,要有两名正式党员作介绍人,要经过支部大会通过和上级党组织批准,并且经过预备期的考察,才能成为正式党员。"

有的干部利用职权违规发展党员,使得少数不具备党员条件的人未严格履行入党手续而混入党内。本案中,仝某某为使儿子入党,提供虚假材料,无视发展党员的程序,私自操作,违规审批。《中国共产党发展党员工作细则》第四十一条规定,各级党组织对发展党员工作中出现的违纪违规问题和不正之风,应当严肃查处。对不坚持标准、不履行程序、超过审批时限和培养考察失职、审查把关不严的党组织及其负责人、直接责任人应当进行批评教育，情节严重的给予纪律处分。典型案例应当及时通报，对违反规定吸收入党的，一律不予承认，并在支部大会上公布。对采取弄虚作假或其他手段把不符合党员条件的人发展为党员，或为非党员出具党员身份证明的，应当依纪依法严肃处理。

《纪律处分条例》第八十九条规定，违反党章和其他党内法规的规定，采取弄虚作假或者其他手段把不符合党员条件的人发展为党员，或者为非党员出具党员身份证明的，对直接责任者和领导责任者，给予警告或者严重警告处分；情节严重的，给予撤销党内职务处分。违反有关规定程序发展党员的，对直接责任者和领导责任者，依照前述规定处理。

根据《纪律处分条例》第九十五条的规定，相互利用职权或者职务上的影响为对方及其配偶、子女及其配偶等亲属、身边工作人员和其他特定关系人谋取利益搞权权交易的，给予警告或者严重警告处分；情节较重的，给予撤销党内职务或者留党察看处分；情节严重的，给予开除党籍处分。

法规链接

《中国共产党章程》第一条至第九条；《纪律处分条例》第八条、第八十六条、第八十九条、第九十五条；《中国共产党发展党员工作细则》

10. 拉票贿选的，应当给予什么处分？

基本案情

2020年12月，某村党支部换届期间，李某为竞选村党支部书记、郭某某为竞选村党支部副书记，两人共同出资，先后给10名党员或党员家属每人3万元进行拉票，同时向其他党员口头打招呼拉票，严重违反换届纪律，影响恶劣。2021年2月，李某受到开除党籍处分，郭某某受到留党察看一年处分。

以案说纪

根据《中国共产党章程》第十条的规定，党是根据自己的纲领和章程，按照民主集中制组织起来的统一整体。《中国共产党章程》第三十条第二款规定："党的基层组织，根据工作需要和党员人数，经上级党组织批准，分别设立党的基层委员会、总支部委员会、支部委员会。基层委员会由党员大会或代表大会选举产生，总支部委员会和支部委员会由党员大会选举产生，提出委员候选人要广泛征求党员和群众的意见。"

做好基层党组织选举工作，对于发扬党内民主、尊重和保障党员民主权利、规范基层党组织选举，增强基层党组织政治功能和组织力，把基层党组织建设成为宣传党的主张、贯彻党的决定、领导基层治理、团结动员群众、推动改革发展的坚强战斗堡垒，巩固党长期执政的组织基础，具有重要意义。

《中国共产党基层组织选举工作条例》第三十五条规定，加强对党的基层组织选举工作的领导，坚持教育在先、警示在先、预防在先，严肃政治纪律、组织纪律以及换届工作纪律要求，强化制度意识、严格制度执行、维护制度权威，引导党员和代表正确行使民主权利，保证选举工作平稳有序。落实全面从严治党责任，严禁拉帮结派、拉票贿选、跑风漏气等非组织行为，严防黑恶势力、宗族势力、宗教势力干扰破坏选举，强化监督检查和责任追究,确保选举工作风清气正。第三十七条规定:"在选举中,凡有违反党章和本条例规定行为的,必须认真查处,根据问题的性质和情节轻重,对有关党员给予批评教育直至纪律处分,对失职失责的党组织和党的领导干部进行问责。"

拉票贿选是违背组织原则、破坏民主选举的违纪行为。近年来,一些地方发生的拉票贿选案,严重破坏了党和国家的民主制度。《纪律处分条例》进一步把实践经验总结提炼出来,凝练为纪律规定,对于破坏选举的行为明确作出严厉的处分规定,对于搞有组织的拉票贿选,或者用公款拉票贿选的,从重或者加重处分,进一步规范和完善党内选举制度。

《纪律处分条例》第八十三条规定:"有下列行为之一的,给予警告或者严重警告处分;情节较重的,给予撤销党内职务或者留党察看处分;情节严重的,给予开除党籍处分:(一)在民主推荐、民主测评、组织考察和党内选举中搞拉票、助选等非组织活动;(二)在法律规定的投票、选举活动中违背组织原则搞非组织活动,组织、怂恿、诱使他人投票、表决;(三)在选举中进行其他违反党章、其他党内法规和有关章程活动。

搞有组织的拉票贿选,或者用公款拉票贿选的,从重或者加重处分。"

法规链接

《中国共产党章程》;《中国共产党基层组织选举工作条例》第三十五条、第三十七条;《纪律处分条例》第八十三条

11. 违反个人有关事项报告规定,隐瞒不报的,应当给予什么处分?

基本案情

陈某某,某市某区委原常委、副区长。2009年10月,陈某某以其姐夫名义购买某区商铺2套;2011年8月,陈某某获悉某投资管理公司即将上市的消息后,通过亲戚符某转账给徐某100万元,用于投资购买该公司股份,并以符某名义与徐某签订委托持股协议,委托徐某代为持股。2014年至2018年,陈某某在填报《领导干部个人有关事项报告表》时,未向组织如实报告上述

情况。2018年5月8日，陈某某被组织谈话时，仍未如实报告其持有非上市公司股份的情况。陈某某还存在其他严重违纪违法问题。2018年11月，陈某某受到开除党籍、开除公职处分，司法机关已依法追究其刑事责任。

以案说纪

陈某某的问题看似是"小问题"，但对于一个共产党员来说，却是心无组织观念、目无组织纪律的大问题。党员干部特别是领导干部，对于按照规定应当报告的个人有关事项，要如实向组织报告，这是必须遵守的规矩，也是检验一名干部是否合格的试金石。有的党员干部该请示报告的不请示报告，或者不如实请示报告；有的我行我素，不履行请假手续就到处乱跑；有的将个人有关事项当作"个人隐私"，对党藏着掖着。这些"不拿组织当回事"的行为，根子就在于党章党规党纪意识不强、组织观念淡薄，对党不忠诚不老实。

对于党员来说，对党忠诚老实和坚持"四个服从"是应有的觉悟，必须严格组织观念、组织程序、组织纪律。《纪律处分条例》对违反组织纪律行为作出处分规定，党员对党忠诚老实和坚持"四个服从"的要求，不仅仅靠党员的个人觉悟，而是有纪律惩戒规定的刚性约束，那些跟党不交心、不交底以及违反"四个服从"要求的党员将难逃党纪的处理。

《纪律处分条例》第八十一条规定："有下列行为之一，情节较重的，给予警告或者严重警告处分：（一）违反个人有关事项报告规定，隐瞒不报；（二）在组织进行谈话函询时，不如实向组织说明问题；（三）不按要求报告或者不如实报告个人去向；（四）不如实填报个人档案资料。有前款第二项规定的行为，同时向组织提供虚假情况、掩盖事实的，依照本条例第六十三条规定处理。篡改、伪造个人档案资料的，给予严重警告处分；情节严重的，给予撤销党内职务或者留党察看处分。隐瞒入党前严重错误的，一般应当予以除名；对入党多年且一贯表现好，或者在工作中作出突出贡献的，给予严重警告、撤销党内职务或者留党察看处分。"

法规链接

《纪律处分条例》第八十一条；《领导干部报告个

人有关事项规定》;《领导干部个人有关事项报告查核结果处理办法》

12. 违规组织、参加自发成立的老乡会、校友会的,应当给予什么处分?

基本案情

王某,某市某国有企业销售分公司(以下简称销售公司)总经理。某年春节期间,在某市与 30 多名校友聚会,大吃大喝。借聚会之名,编织"关系网"。席间,王某违反规定与担任某市教育局副局长的校友刘某、某市某民营公司经理的校友张某共同组织成立校友会,张某为会长,王某、刘某为副会长。同年 4 月,王某未经销售公司领导班子集体研究,擅自决定赞助该校友会 5 万元。

王某身为国有企业的党员领导干部,违规组织、参加自发成立的校友会,属于情节严重,构成违反有关规定组织、参加自发成立的老乡会、校友会、战友会等违纪行为。王某未经领导班子集体研究,擅自决定赞助校友会，构成违反议事规则违纪行为，应合并处理，追究其党纪责任。

以案说纪

党员领导干部不得参加自发成立的老乡、校友、战友之间的各种联谊会之类的组织，不得担当这类联谊会的发起人和组织者，不得在这类联谊会中担任相应职务；不得借机编织"关系网"，搞亲亲疏疏，团团伙伙，更不得有"结盟"、"金兰结义"等行为。

本案中，王某作为党员领导干部，借聚会之名，大吃大喝，编织"关系网"，属于情节严重，构成违规组织、参加自发成立的老乡会、校友会、战友会等违纪行为。《纪律处分条例》第八十二条规定，党员领导干部违反有关规定组织、参加自发成立的老乡会、校友会、战友会等，情节严重的，给予警告、严重警告或者撤销党内职务处分。

《国有企业领导人员廉洁从业若干规定》第四条规定："国有企业领导人员应当切实维护国家和出资人利益。不得有滥用职权、损害国有资产权益的下列行为：……（七）未经企业领导班子集体研究，决定捐赠、赞助事项，或者虽经企业领导班子集体研究但未经履行国有资产出资人职责的机构批准，决定大额捐赠、赞助事项；……"王某作为国有企业领导人员，本应切实维护国家和出资人利益，但却未经企业领导班子集体研究，擅自决定赞助校友会，损害了国有资产权益，违反组织纪律，构成违反议事规则违纪行为，应当追究其党纪责任。

需要注意的是，党员包括领导干部在正常范围内的老乡、校友、战友聚会并不违反党的纪律，只有违反《关于领导干部不得参加自发成立的"老乡会"、"校友会"、"战友会"组织的通知》等规定组织、参加自发成立（未经民政部门登记注册）的老乡会、校友会、战友会等，借联谊、聚会之名，大吃大喝、挥霍浪费，编织"关系网"、拉"小圈子"，才有可能构成违纪。

法规链接

《纪律处分条例》第八十二条；《国有企业领导人员廉洁从业若干规定》第四条

13. 用人失察失误造成严重后果的，应当给予什么处分？

基本案情

陈某，某省林业厅原党组书记、厅长。2013年10月，陈某在党校学习期间，经人介绍认识了时任某出版社发行部主任的柳某，柳某表示想调到该省林业厅工作。之后，陈某将柳某的个人履历交给林业厅人事教育处，并签批意见，请人事教育处根据柳某个人情况、林业厅岗位空缺及用人需求提出意见。

2013年11月20日，该林业厅人事教育处提出拟调任柳某为本厅社会保险中心副主任（正处级）的书面意见。次日，陈某主持召开林业厅党组会议，研究同意调柳某到林业厅社会保险中心任副主任。2014年3月18日，柳某到该林业厅报到上班。

经查，柳某2010年在担任某乡党委书记期间，因违反纪律被某市纪委给予撤销党内职务处分。之后柳某伪造个人档案材料，其中职务级别、工作经历、出生时间和入党、年度考核等情况都存在造假情况，涉嫌造假,被群众举报至中央巡视组,造成恶劣影响。柳某已于 2015 年 1 月被开除党籍、开除公职。陈某作为林业厅党组书记、厅长违反组织纪律,在选拔任用干部中不认真考察,选拔任用不符合条件的干部,用人失察失误,造成恶劣影响,最终受到党纪严惩。

以案说纪

党要管党,首先是要管好干部;从严治党,关键是从严治吏。用人失察失误行为在主观上是过失,即在选拔任用干部中没有认真履行职责,没有做到公开、公平、公正,没有依法依规进行,选拔任用了不符合条件的干部。

根据《纪律处分条例》第八十四条的规定,在干部选拔任用工作中,有任人唯亲、排斥异己、封官许愿、说情干预、跑官要官、突击提拔或者调整干部等违反干部选拔任用规定行为,对直接责任者和领导责任者,情节较轻的,给予警告或者严重警告处分;情节较重的,给予撤销党内职务或者留党察看处分;情节严重的,给予开除党籍处分。用人失察失误造成严重后果的,对直接责任者和领导责任者,依照前述规定处理。

《党政领导干部选拔任用工作条例》第六十一条规定，实行党政领导干部选拔任用工作责任追究制度。凡用人失察失误造成严重后果的，本地区本部门用人上的不正之风严重、干部群众反映强烈以及对违反组织（人事）纪律的行为查处不力的，应当根据具体情况，严肃追究党委（党组）及其主要领导成员、有关领导成员、组织（人事）部门、纪检监察机关、干部考察组有关领导成员以及其他直接责任人的责任。

本案中，陈某和林业厅人事教育处在对柳某考察任用工作中，未对柳某的个人档案认真核查，未及时发现柳某存在档案造假等违纪违法情况，用人失察失误，给党、国家和人民利益造成严重损害，给党的声誉造成恶劣影响，应受到处分。

需要注意的是，用人失察失误的行为，造成严重后果的，才给予党纪处分；没有造成严重后果的，党组织可以给予批评教育、组织调整或者组织处理等。

法规链接

《纪律处分条例》第八十四条；《党政领导干部选拔任用工作条例》第六十一条

三、廉洁纪律

14. 挪用、贪污公款用于炒股的，应当给予什么处分？

基本案情

2010年起，戚某某的职务从办公室副主任升到部务会议成员，兼任统战部会计以及侨联专职副主席、市知联会秘书长和市新联会秘书长，并负责知联会和新联会的会计工作。

戚某某有十几年的乡镇工作经历。同事眼里的她"从不乱花单位一分钱"，统战部的财务工作由她负责，领导和同事都觉得放心。然而，生活中的戚某某却沉迷炒股。看着别人炒股赚钱，她也想进入股市赚点零花钱。戚某某怕投资失败，不愿意动用自己的家庭资金，于是想到了拿公款来满足自己的这个"爱好"。在她看来，即使亏掉了，钱也不是自己的，把单位账面做平就行。

2013年至2020年，戚某某连续作案，从千余元到10万元，蚂蚁搬家式地贪污，还多次冒用他人名义，以慰问金、护理补贴等形式骗取公款40万余元，甚至为了骗取慰问金而编造同事亲人去世、生病住院的谎言。先后将128万余元公款放进了自己的口袋。其中，大部分钱款被用来炒股。

股市指数跌宕起伏，戚某某并不具备投资眼光。很快，她股市账户上的50余万元股本（含早期家庭投入的股本）都赔掉了。以慰问金名义骗取的公款非但没有赚钱，还难以弥补在股市中的亏损。

戚某某又把目光投向统战部和知联会的活动经费。她伪造了种类繁多的活动，包括趣味运动会、专题调研活动、读书活动、考察活动等，签订虚假合同、涂改报销单数额、虚开发票，先后套取80多万元。据办案人员统计，到案发时她股市亏损达60多万元，剩余资金在她投案自首后主动退缴。

2020年12月，法院对戚某某案公开审理，查明其贪污128万余元，戚某某最终因贪污犯罪被法院判处有期徒刑3年2个月。

以案说纪

实践中，有的财务人员自以为有财会知识背景、具备经济头脑，企图"借鸡生蛋"，将挪用、贪污的公款用于炒股、购买理财产品、投资实业等，结果却"鸡飞蛋打"，得不偿失。本案中，戚某某身为国家工作人员，利用职务上的便利，侵吞、窃取、骗取公款，用于炒股，导致国有资产巨额亏损，根据《刑法》第三百八十二条的规定，构成贪污罪。

《纪律处分条例》第二十九条规定，党组织在纪律审查中发现党员有贪污贿赂、滥用职权、玩忽职守、权力寻租、利益输送、徇私舞弊、浪费国家资财等违反法律涉嫌犯罪行为的，应当给予撤销党内职务、留党察看或者开除党籍处分。根据《纪律处分条例》第三十条第二款的规定，违反国家财经纪律，在公共资金收支、税务管理、国有资产管理、政府采购管理、金融管理、财务会计管理等财经活动中有违法行为的，依照该条第一款的规定处理，应当视具体情节给予警告直至开除党籍处分。

财务人员身处资金密集岗位，面临较高的廉政风险，一方面，有关单位要切实加强廉洁教育和警示教育，使其自觉提升思想认识，树立正确的世界观、人生观和价值观，主动抵制不劳而获、贪图享受等不良思想的侵蚀，筑牢拒腐防变的思想防线。另一方面，党员领导干部要强化责任担当，在财务人员队伍管理、制度执行等方面加大日常监管力度，紧盯重点人、重点事、重点岗位和重要制度执行，推动监督于问题未发生之时。

法规链接

《纪律处分条例》第二十九条、第三十条第二款、第九十四条、第一百零三条；《刑法》第三百八十二条、第三百八十三条

15. 滥用职权、以权谋私的，应当给予什么处分？

基本案情

时任某市委书记的张某某曾负责某国际商贸城招商引资项目。2014年，张某某和某集团公司洽谈后签订合作协议，同意以每亩不超过20万元的价格出让土

地使用权，以吸引该集团投资建设某国际商贸城。当时周边同类土地出让价格至少 40 万元一亩，张某某低价出让国有土地严重违反国家法律法规。时任某市国土局局长的顾某某因此提出反对意见，表示无法按此协议办理，张某某则采取谩骂、批评、威胁，甚至停发国土局工作经费等各种手段，逼迫顾某某服从。顾某某在张某某的逼迫下终于屈服，让国土局违规办理了土地出让手续。这宗土地出让造成国有资产严重流失达上亿元，顾某某和张某某均涉嫌构成滥用职权罪，最终被立案审查调查。

2020 年 12 月 1 日，法院以受贿罪、滥用职权罪判处张某某有期徒刑 14 年，并处罚金人民币 100 万元。

以案说纪

公生明、廉生威。党员干部必须牢固树立马克思主义的世界观、人生观、价值观，坚持正确的权力观，坚持用权为公，清醒认识手中权力归属，切实做到公私分明、克己奉公，始终坚持秉公用权。权力的本质是责任，权力的本色是为民。党员干部要经常想想手中权力意味着什么、应该怎么用，一旦越轨逾矩后果将会如何。

本案中，张某某把责任当包袱，把权力当私器，一方面在工作中漠视群众冷暖，另一方面对他看重的"能出政绩"的项目不惜以权压法，强行推动。这种滥用职权、权力观错位的背后，是官僚主义思想在作祟，其忘记了权力来自人民，也只能用于人民的根本宗旨。张某某因犯受贿罪、滥用职权罪，被判处有期徒刑14年，广大党员干部要以此为鉴，时刻警醒自己始终与人民同呼吸、共命运，不断检视自身，切实纠正不良作风，锐意进取、奋发实干。

《纪律处分条例》第九十四条规定，党员干部必须正确行使人民赋予的权力，清正廉洁，反对特权思想和特权现象，反对任何滥用职权、谋求私利的行为。利用职权或者职务上的影响为他人谋取利益，本人的配偶、子女及其配偶等亲属和其他特定关系人收受对方财物，情节较重的，给予警告或者严重警告处分；情节严重的，给予撤销党内职务、留党察看或者开除党籍处分。

《公职人员政务处分法》第三十九条规定，滥用职权，危害国家利益、社会公共利益或者侵害公民、法人、其他组织合法权益，造成不良后果或者影响的，予以警告、记过或者记大过；情节较重的，予以降级或者撤职；情节严重的，予以开除。

《刑法》第三百九十七条规定了滥用职权罪，国家机关工作人员滥用职权，致使公共财产、国家和人民利益遭受重大损失的，处3年以下有期徒刑或者拘役；情节特别严重的，处3年以上7年以下有期徒刑。

法规链接

《纪律处分条例》第九十四条；《公职人员政务处分法》第三十九条；《刑法》第三百八十五条、第三百八十六条、第三百九十七条

16. 以委托理财为名收受贿赂的，应当给予什么处分？

基本案情

杨某在担任某市某区副区长、公安局局长期间，利用职务便利，在案件查处方面为某公司法定代表人姜某谋取利益。2018年至2021年，杨某以理财名义

将889万元分四笔放于姜某处,并约定年息为12%。事实上,姜某并无投资、理财需要,直至2020年下半年,才将其中797万元用于投资某项目。杨某以理财收息名义,收受姜某所送财物共计277万元。杨某之所以采取这种方法,主要是为了掩人耳目,躲避组织调查。

2022年11月,杨某被"双开";2023年10月,杨某因犯受贿罪、犯徇私枉法罪,数罪并罚,被判处有期徒刑13年6个月,并处罚金150万元。

以案说纪

在金融领域,委托理财一般是指专业管理人接受资产所有者委托,代为经营和管理股票、基金、债券、期货等资产,以实现委托资产增值或其他特定目标的行为。根据《最高人民法院、最高人民检察院关于办理受贿刑事案件适用法律若干问题的意见》,委托理财型受贿是指,国家工作人员利用职务上的便利为请托人谋取利益,以委托请托人投资证券、期货或者其他委托理财的名义,未实际出资而获取"收益",或者虽然实际出资,但获取"收益"明显高于出资应得收益的行为,对此类行为应以受贿论处。

本案中,姜某属于杨某的管理和服务对象,且杨某与姜某之间除约定年化收益12%外,从未对投资项目的方式、收益、风险承担及返还期限等事项进行协商。实际上,所谓的理财利息实质是杨某利用职务便利为姜某谋取利益的对价,杨某与姜某二人对此心知肚明。因此,杨某以理财收息名义接受利益输送,本质上系权钱交易。

《纪律处分条例》第九十九条规定,借用管理和服务对象的钱款、住房、车辆等,可能影响公正执行公务,情节较重的,给予警告或者严重警告处分;情节严重的,给予撤销党内职务、留党察看或者开除党籍处分。通过民间借贷等金融活动获取大额回报,可能影响公正执行公务的,依照前述规定处理。

《刑法》第三百八十五条规定了受贿罪,国家工作人员利用职务上的便利,索取他人财物的,或者非法收受他人财物,为他人谋取利益的,是受贿罪。犯受贿罪的,根据受贿所得数额及情节,依照贪污罪的量刑规定处罚。索贿的从重处罚。

法规链接

《纪律处分条例》第九十九条;《刑法》第三百八十五条、第三百八十六条

17. 违规操办子女婚庆事宜的,应当给予什么处分?①

基本案情

夏某,中共党员,某乡副乡长。2020年9月,夏某在其子结婚时,邀请该乡政府5名下属参加婚宴,收受该5名下属所送礼金2.5万元。经查,夏某与上述5名下属没有礼尚往来。同时,夏某还邀请25名亲属参加婚宴,收取礼金3万元。夏某受到党内严重警告、政务记大过处分,违规收受的礼金2.5万元被收缴。

以案说纪

受长期以来形成的历史文化和社会现实等因素影

---

① 夏某违规操办其子婚庆事宜案,中央纪委国家监委2021年指导性案例第2号,总第2号。

响，在婚丧喜庆之际宴请宾朋，已成为司空见惯的"习惯"和"风气"。实践中，《纪律处分条例》和《公职人员政务处分法》并没有"一刀切"地禁止党员干部操办婚丧喜庆事宜，但一些党员干部利用职权或者职务上的影响违规操办婚丧喜庆事宜。这类行为容易损害党员干部形象，败坏社会风气，必须保持严的主基调，坚持露头就打，对同时存在借机敛财行为的要从重或者加重处分。对于此类问题，既要依据相关规定认定是否存在"利用职权或者职务上的影响"和"在社会上造成不良影响"；又要注意把握执纪执法尺度，明确释放"越往后越严"的强烈信号；还要注意参照当地经济发展水平、民众风俗习惯以及单位同事、周边群众的认知和评价等因素，作出综合分析判断。同时，要重视通过党员干部特别是党员领导干部以身作则、率先垂范，在全面实施乡村振兴战略中，在操办婚丧喜庆事宜上切实推进移风易俗、建设文明乡风，不断改善农民精神风貌，提高乡村社会文明程度。

《纪律处分条例》第一百条规定，利用职权或者职务上的影响操办婚丧喜庆事宜，造成不良影响的，给予警告或者严重警告处分；情节严重的，给予撤销党内职务处分；借机敛财或者有其他侵犯国家、集体和人民利益行为的，从重或者加重处分，直至开除党籍。

《公职人员政务处分法》第二十五条第一款规定，公职人员违法取得的财物和用于违法行为的本人财物，除依法应当由其他机关没收、追缴或者责令退赔的，由监察机关没收、追缴或者责令退赔；应当退还原所有人或者原持有人的，依法予以退还；属于国家财产或者不应当退还以及无法退还的，上缴国库。第三十三条第一款规定，利用职权或者职务上的影响为本人或者他人谋取私利的，予以警告、记过或者记大过；情节较重的，予以降级或者撤职；情节严重的，予以开除。

本案中，夏某作为副乡长，邀请与其没有礼尚往来的 5 名下属参加其子婚宴并收受礼金 2.5 万元，可以认定为"利用职权或者职务上的影响"操办婚庆事宜。

法规链接

《纪律处分条例》第一百条；《公职人员政务处分法》第二十五条第一款、第三十三条第一款

18. 公款吃喝、违规接受宴请的，应当给予什么处分？①

基本案情

王某，中共党员，某县住房和城乡建设局局长。2021年2月19日晚，王某召集本单位5名干部在该县某酒店聚餐，要求按照人均1000元的标准安排餐饮，所花费的6000元以公车加油费、维护保养费等名目列入该局"三公"经费中予以报销。3月21日晚，王某在该县房地产开发商张某经营的日本料理店接受宴请，享受每人定价1888元的套餐。王某受到党内严重警告处分，被责令退赔公款吃喝费用1000元，被收缴接受可能影响公正执行公务的宴请费用1888元。同时，参加公款吃喝的其他5名干部受到了批评教育，并被责令退赔相关费用5000元。

---

① 王某组织公款吃喝并违规接受宴请案，中央纪委国家监委2021年指导性案例第3号，总第3号。

以案说纪

公款吃喝、违规接受宴请等行为除浪费国家资财或者可能影响公正执行公务外，还严重破坏党风政风和社会风气，损害党和政府的形象。实践中，有的党员干部虚列开支公款报销违规吃喝费用，这是典型的违反中央八项规定精神的隐形变异问题，性质恶劣，各级纪检监察机关对这类行为加大惩处力度，将严肃处理违规吃喝问题作为纠"四风"、树新风的重点，扭住不放、露头就打。

《纪律处分条例》第一百零一条规定，接受、提供可能影响公正执行公务的宴请或者旅游、健身、娱乐等活动安排，情节较重的，给予警告或者严重警告处分；情节严重的，给予撤销党内职务或者留党察看处分。第一百一十三条规定，违反有关规定组织、参加用公款支付的宴请、娱乐、健身活动，或者用公款购买赠送或者发放礼品、消费卡（券）等，对直接责任者和领导责任者，情节较轻的，给予警告或者严重警告处分；情节较重的，给予撤销党内职务或者留党察看处分；情节严重的，给予开除党籍处分。

《公职人员政务处分法》第三十四条第二款规定，向公职人员及其特定关系人赠送可能影响公正行使公权力的礼品、礼金、有价证券等财物，或者接受、提供可能影响公正行使公权力的宴请、旅游、健身、娱乐等活动安排，情节较重的，予以警告、记过或者记大过；情节严重的，予以降级或者撤职。第三十五条规定，违反规定公款消费，情节较重的，予以警告、记过或者记大过；情节严重的，予以降级或者撤职。

作风问题本质上是党性问题。贪图享乐、追求奢靡，在不良嗜好上放纵自己是表象，根源在于党性修养缺失，理想信念动摇。党员领导干部要时刻筑牢思想堤坝，绷紧作风之弦，正确处理好公与私、义与利、俭与奢、苦与乐的关系，寸步不让管住享乐欲望，坚决抵制奢靡之风侵蚀。

法规链接

《纪律处分条例》第一百零一条、第一百一十三条；《公职人员政务处分法》第三十四条第二款、第三十五条

19. 退休后违规接受宴请的，应当给予什么处分？①

基本案情

张某，中共党员，某县生态环境局党组成员、副局长，2018年10月退休。2019年1月以来，张某在春节、端午节、中秋节和生日期间，先后10余次接受该县私营企业主王某、李某、赵某等人（均系张某任生态环境局党组成员、副局长期间的管理服务对象）安排的宴请，并饮用年份茅台酒等高档酒水，食用高档菜肴。2021年3月，张某受到党内警告处分。

以案说纪

吃喝问题绝非小事小节，而是关系党在人民群众心目中形象的"大政治"，对退休党员干部也不例外。党的十八大以来，各级纪检监察机关重拳出击，"舌尖上的腐败"得到有效遏制。在持续高压态势下，一些党员

---

① 张某退休后违规接受宴请案，中央纪委国家监委2021年指导性案例第4号，总第4号。

领导干部在任职期间有所收敛，但在退休后又故态复萌，肆无忌惮接受各种宴请，成为"四风"问题隐形变异的新表现。中央八项规定精神是"长期有效的铁规矩"，党员领导干部无论退休与否，都应该严格遵循党规党纪和中央八项规定精神。

张某虽已退休，但仍具有党员身份，特别是曾经担任过领导职务，在当地具有一定的影响力，更应带头严于律己，严格遵守党的纪律和中央八项规定精神。张某的退休时间在党的十九大之后，中央对于严格落实中央八项规定精神、毫不松懈纠治"四风"的要求已经非常明确，但其仍然不知敬畏，多次接受退休前管理服务对象的宴请。为严肃党的纪律，应将张某的上述行为认定为违反中央八项规定精神。同时，鉴于张某已经退休，不再具有公职人员身份，应适用《纪律处分条例》第一百二十一条（廉洁纪律兜底条款）的规定，并依规依纪收缴其违纪所得。

法规链接

《纪律处分条例》第二十九条、第一百二十一条

20. 违反规定经商的，应当给予什么处分？

基本案情

1984年，某县某罐头食品厂陷入困境，资产负债严重，年仅26岁的某县供销社副主任张某某临危受命，带领这家濒临倒闭的国有企业扭亏为盈、走出困境。2003年，张某某当选为县政协副主席。对于组织的信任与期望，本应倍加珍惜，但他并不以为然，认为只是解决了级别，有职无权。

心态失衡的张某某看见商人坐豪车、喝好酒、吃大餐、一掷千金羡慕不已、大为动心，他感觉自己的经商头脑定然优于这些人。此后，张某某分别以儿子、侄孙的名义经商，业务范围涵盖酒行、贵金属经营部、养猪场、饲料销售合作社……但穿着"马甲"借"壳"经商的张某某却因经营不善而债台高筑。面对各种方式的催债，张某某想到用单位的公款。案发前，张某某挪用公款169万元。

2018年4月16日，某县纪委监委对张某某依法采取留置措施。23 天后,张某某被移送检察院。2018 年 9 月 5 日,张某某案一审宣判。

以案说纪

国家公职人员及配偶、子女及配偶违规经商办企业危害正常社会经济秩序,破坏市场公平竞争机制,损害良好营商环境,且易滋生腐败问题。广大干部要深刻认识违规经商办企业的危害,自觉把好思想"总开关",坚决不碰党纪法规高压线。

根据《纪律处分条例》第一百零三条的规定,违反有关规定从事营利活动,经商办企业,情节较轻的,给予警告或者严重警告处分;情节较重的,给予撤销党内职务或者留党察看处分;情节严重的,给予开除党籍处分。

根据《公职人员政务处分法》第三十六条的规定,违反规定从事或者参与营利性活动,或者违反规定兼任职务、领取报酬的,予以警告、记过或者记大过;情节较重的,予以降级或者撤职;情节严重的,予以开除。

本案中,张某某任职县政协副主席期间,借亲属名义经商办企业，经营不善后又挪用公款偿还个人债务、从事经营活动，违反了《纪律处分条例》《公职人员政务处分法》的有关规定。张某某的行为还触犯了《刑法》第三百八十四条规定的挪用公款罪，根据《公职人员政务处分法》第十四条的规定，公职人员因故意犯罪被判处管制、拘役或者有期徒刑以上刑罚（含宣告缓刑）的，予以开除。张某某身为公职人员，没有把清正廉洁的义务牢记于心，自认为是官场上的商业奇才而一步步走上违法犯罪的道路，既要受到刑事处罚，也要受到相应的党纪处分和政务处分。

法规链接

《纪律处分条例》第一百零三条、第一百零七条；《国有企业领导人员廉洁从业若干规定》第五条、第六条；《事业单位工作人员处分规定》第十九条；《公职人员政务处分法》第二条、第十四条、第三十六条；《监察法》第十五条

21. 公车私用、私车公养的，应当给予什么处分？[①]

基本案情

沈某，中共党员，某市委组织部常务副部长（正县级）。2018年12月至2020年8月，沈某在已领取公务交通补贴的情况下，先后多次要求司机驾驶公车接送其打网球、接送其在外省上大学的女儿往返学校与家中等。2020年1月至2021年3月，沈某利用单位公务加油卡未绑定公车的漏洞，借驾驶公车开展公务之机，多次使用公务加油卡为其2辆私车加油，累计花费5500元。2021年8月，沈某受到党内严重警告和政务降级处分，其违纪违法所得5500元被追缴并返还该市委组织部；同时，给予其调整职务的处理。

以案说纪

随着公车改革的深入推进，各地公车管理制度不断

[①] 沈某公车私用、私车公养案，中央纪委国家监委2021年指导性案例第7号，总第7号。

规范，"公车私用"问题得到了有效遏制，但"私车公养"问题开始抬头。"私车公养"问题通常涉案金额不大，但本质是化公为私、贪污侵占的腐败问题，与"公车私用"不同，已经由风变腐。实践中，"私车公养"问题存在多种表现形式，如"私油公供"、"私车公修"、"私票公报"等，每种表现形式又分化出多种不同的违纪违法手段。如"私油公供"可表现为利用管理和使用公车的职务便利，使用公务加油卡为本人的私车加油，或者加完油后以公车的名义在本单位报销，也可表现为将本人使用私车所产生的油费交由下属单位支付、报销等。

《纪律处分条例》第一百一十七条规定，违反有关规定配备、购买、更换、装饰、使用公务交通工具或者有其他违反公务交通工具管理规定的行为，对直接责任者和领导责任者，情节较重的，给予警告或者严重警告处分；情节严重的，给予撤销党内职务或者留党察看处分。

根据《公职人员政务处分法》第三十五条的规定，违反规定，在公务交通方面超标准、超范围，情节较重的，予以警告、记过或者记大过；情节严重的，予以降级或者撤职。

"公车私用"违反了中央八项规定精神,应当依照《纪律处分条例》《公职人员政务处分法》的相关规定予以处理。"私车公养"行为本质上已不属于作风问题,而是将公款据为己有的贪污侵占、化公为私的腐败行为。"私车公养"所涉金额尚未达到刑事追诉标准的,应当依照《纪律处分条例》第三十条第一款、《公职人员政务处分法》第三十三条第一款的规定,追究其纪律责任和监察责任;所涉金额已达到刑事追诉标准,涉嫌职务犯罪的,在追究其纪律责任和监察责任的同时,还应当移送司法机关追究其刑事责任。

法规链接

《纪律处分条例》第三十条第一款、第一百一十七条;《公职人员政务处分法》第三十三条第一款、第三十五条

22. 使用"空白公函"报销的，应当给予什么处分？[①]

基本案情

姚某，中共党员，A省B市文化市场综合执法支队党总支书记、支队长。2020年12月至2021年3月，姚某等人5次参加该支队组织的超标准公务接待，饮用高档酒水，且每次公务接待均提供高档香烟，共计超标准支出25590元。事后，为处理超标准公务接待费用，经姚某同意，该支队向外单位索要多份"空白公函"，虚构接待事项，将上述25590元费用在本单位报销。2021年7月，姚某使用"空白公函"虚列接待事由和人数，将其私人用餐费用共计4327元在本单位报销。2022年4月，姚某受到党内严重警告、政务记大过处分，其违纪违法所得4327元被责令退赔。同时，责令提供和接受超标准公务接待的姚某等人按照各自应承担的份额，分别退赔违纪所得共计25590元。

[①] 姚某使用"空白公函"报销案，中央纪委国家监委2022年指导性案例第1号，总第8号。

以案说纪

党的十八大以来,以习近平同志为核心的党中央推进全面从严治党从落实中央八项规定精神破题,党风政风为之焕然一新。纪检监察机关紧盯公款吃喝等突出问题,"舌尖上的腐败"得到有效整肃,但使用"空白公函"、"虚假公函"搞违规吃喝,以及"一函多吃"等隐形变异问题开始抬头。使用"空白公函"报销个人费用的行为,本质上是化公为私、贪污侵占的腐败问题,已经由风变腐,必须下大气力予以整治。对于此类违纪问题,要做到从政治上看、从政治上抓,深刻认识到不正之风和腐败问题互为表里、同根同源,不正之风滋生、掩藏腐败行为,腐败行为助长、加剧不正之风,甚至可能催生新的作风问题,坚持正风肃纪不可分割,坚持严的主基调不动摇,以反复抓、抓反复的坚韧和执着,切实做到匡正风气、严肃党纪。

《纪律处分条例》第三十条第一款规定,党组织在纪律审查中发现党员有刑法规定的行为,虽不构成犯罪但须追究党纪责任的,或者有其他破坏社会主义市场经济秩序、违反治安管理等违法行为,损害党、国家和人民利益的，应当视具体情节给予警告直至开除党籍处分。

根据《公职人员政务处分法》第三十三条第一款的规定，贪污贿赂的，予以警告、记过或者记大过；情节较重的，予以降级或者撤职；情节严重的，予以开除。

姚某作为本单位主要负责人，利用职务上的便利非法占有公共财物，已经构成贪污，属于职务违法。姚某作为本单位主要负责人，明知私人用餐费用应由个人承担，仍以非法占有公共财物为目的，利用其担任"一把手"职务上的便利，使用"空白公函"在本单位报销私人用餐费用4327元。姚某的上述行为不仅侵害了公共财物所有权，也侵害了公职人员的职务廉洁性，其行为的本质是化公为私、贪污侵占的腐败，已经由风变腐，应严肃处理。鉴于其贪腐行为尚未达到刑事追诉标准，应当依照《纪律处分条例》《公职人员政务处分法》的相关规定，追究其纪律责任和监察责任。

法规链接

《纪律处分条例》第三十条第一款；《财政违法行为处罚处分条例》第六条；《党政机关厉行节约反对浪

费条例》第二十条、第五十八条、第六十条、第六十一条；《公职人员政务处分法》第三十三条第一款

23. 退休后利用原职权或者职务影响谋利的，应当给予什么处分？

基本案情

蔡某某，2005年12月任某单位党委委员、副主席，2013年6月退休。2021年7月，蔡某某接受审查调查，此时距离其退休已有8年时间。

2006年至2021年，被告人蔡某某利用担任该单位党委委员、副主席等职务上的便利以及职权或者地位形成的便利条件，为相关单位和个人在融资贷款、业务承揽、职务提任等事项上提供帮助，直接或者通过他人非法收受财物，共计折合人民币4.07亿余元。

2018年至2021年，蔡某某利用曾任该单位党委委员、副主席的职权或者地位形成的便利条件，通过其他国家工作人员职务上的行为，为相关单位和个人在股权转让、融资贷款、工作调整等事项上提供帮助，直接或

者通过他人非法收受财物，共计折合人民币1.1亿余元。

2010年至2013年，蔡某某在担任该单位党委委员、副主席期间，违反法律法规和相关规定，在履行监管职责过程中徇私舞弊，滥用职权，致使公共财产、国家和人民利益遭受重大损失，情节特别严重。

2023年12月29日，法院公开宣判蔡某某受贿、利用影响力受贿、滥用职权一案，蔡某某犯受贿罪、利用影响力受贿罪、滥用职权罪，判处死缓，剥夺政治权利终身，并处没收个人全部财产，在其死刑缓期执行2年期满依法减为无期徒刑后，终身监禁，不得减刑、假释。

以案说纪

《纪律处分条例》第一百零六条规定，离职或者退（离）休后利用原职权或者职务上的影响，为配偶、子女及其配偶等亲属和其他特定关系人从事经营活动谋取利益，情节较轻的，给予警告或者严重警告处分；情节较重的，给予撤销党内职务或者留党察看处分；情节严重的，给予开除党籍处分。离职或者退（离）休后利用原职权或者职务上的影响为他人谋取利益，本人的配偶、子女及其配偶等亲属和其他特定关系人收受对方财物，情节较重的，给予警告或者严重警告处分；情节严重的，给予撤销党内职务、留党察看或者开除党籍处分。

根据《公职人员政务处分法》第三十三条第一款的规定，贪污贿赂的，利用职权或者职务上的影响为本人或者他人谋取私利的，予以警告、记过或者记大过；情节较重的，予以降级或者撤职；情节严重的，予以开除。

清正廉洁是中国共产党人的政治本色，党员干部不管是在职还是离岗，都受党的纪律约束。有的党员干部"退而不休"搞贪腐，或者利用在职时形成的影响力为他人谋利。《纪律处分条例》强化了对党员的全周期管理，把从严管理干部贯彻落实到干部队伍建设全过程。2023年修订的《纪律处分条例》新增第一百零六条，完善了对离职或者退休党员干部违规从业、利用原职权或者职务影响为亲友谋取利益行为的处分规定，进一步增强离岗党员的党性观念和党纪意识，做到离岗不离党、退休不褪色。

法规链接

《纪律处分条例》第一百零六条；《公职人员政务处分法》第三十三条第一款；《刑法》第三百八十五

条、第三百八十六条、第三百八十八条之一、第三百九十七条

24. 基层群众性自治组织中从事管理的人员贪腐的，应当给予什么处分？[①]

📖 基本案情

崔某，中共党员，某乡某村原党支部书记、村民委员会主任。2019年3月至2020年9月，崔某在协助县、乡人民政府发放本村财政惠民惠农补贴资金中的退耕还林还草直补退耕农户资金的过程中，以其女儿的名义弄虚作假，编造退耕还林还草亩数，骗领财政补贴资金8000元并据为己有。同时，崔某在担任村党支部书记、村民委员会主任期间，借逢年过节之机，收受3名村集体经济合作社成员礼金1.2万元。2021年6月，崔某受到撤销党内职务处分，对其违纪违法所得2万元予以收缴；建议乡人民政府责令其辞去该村村民委员会主任职

---

① 崔某骗领财政惠民惠农补贴资金案，中央纪委国家监委2021年指导性案例第6号，总第6号。

务，拒不辞职的，依法罢免其村民委员会主任职务，停止发放其补贴、奖金。2021年7月，崔某辞去了该村村民委员会主任职务。

以案说纪

群众身边的腐败和不正之风，严重破坏党和政府在群众心目中的形象，蚕食群众的获得感、幸福感，侵蚀党心民心。习近平总书记在十九届中央纪委五次全会上明确指出，"要持续整治群众身边腐败和作风问题，让群众在反腐'拍蝇'中增强获得感"、要"紧盯扶贫环保等领域腐败和不正之风，解决好群众的'急难愁盼'问题，让人民群众感受到公平正义"。

《纪律处分条例》第三十条第一款规定，党组织在纪律审查中发现党员有刑法规定的行为，虽不构成犯罪但须追究党纪责任的，或者有其他破坏社会主义市场经济秩序、违反治安管理等违法行为，损害党、国家和人民利益的，应当视具体情节给予警告直至开除党籍处分。第九十四条规定，党员干部必须正确行使人民赋予的权力，清正廉洁，反对特权思想和特权现象，反对任何滥用职权、谋求私利的行为。利用职权或者职务上的影响为他人谋取利益,本人的配偶、子女及其配偶等亲属和其他特定关系人收受对方财物,情节较重的,给予警告或者严重警告处分;情节严重的,给予撤销党内职务、留党察看或者开除党籍处分。

根据《公职人员政务处分法》第二条、《监察法》第十五条的规定,崔某属于第五类监察对象:基层群众性自治组织中从事管理的人员。作为监察对象的基层群众性自治组织中从事管理的人员,包括村民委员会、居民委员会的主任、副主任和委员,以及其他受委托从事管理的人员。

崔某作为基层群众性自治组织中从事管理的人员,利用其协助县、乡人民政府从事相关行政管理工作的职务便利,以其女儿的名义骗领财政惠民惠农补贴资金并据为己有,该行为的最终受益人是崔某自己。因此,崔某的行为构成贪污,属于职务违法。崔某的上述行为虽未达到刑事追诉标准,但本质上属于刑法规定的贪污行为,应当追究其纪律责任和监察责任,予以严肃处理。因此,依照《村民委员会组织法》《农村基层干部廉洁履行职责若干规定(试行)》等规定,建议乡人民政府责令其辞去该村村民委员会主任职务,拒不辞职的,依法予以罢免；同时，由乡人民政府明确其不再享受补贴、奖金，以增强惩戒效果。

法规链接

《纪律处分条例》第三十条第一款；《公职人员政务处分法》第二条、第三十三条；《监察法》第十五条；《农村基层干部廉洁履行职责若干规定（试行）》第二十一条至第二十四条

四、群众纪律

25. 违规摊派的,应当给予什么处分?[1]

基本案情

吴某,中共党员,某乡党委副书记、乡长。2015年至2020年8月,吴某以支持乡政府开展工作为由,多次要求辖区内的多家私营企业、个体工商户出资购买桌椅、打印机等办公用品,"捐赠"给乡政府使用,折合共计22.4万元。2021年8月,吴某受到党内严重警告、政务降级处分。

以案说纪

基层"微腐败"发生在群众身边,群众所受侵害最直接,反映也最强烈。随着党风廉政建设和反腐败斗争

---

[1] 吴某违规摊派案,中央纪委国家监委2022年指导性案例第2号,总第9号。

的持续深入推进，群众身边的腐败和不正之风得到有效遏制，但滋生"微腐败"的土壤尚未彻底铲除，损害群众利益的问题仍时有发生。要把严的主基调长期坚持下去，把解决群众身边的腐败和不正之风摆在更加突出位置。要顺应群众所思所盼，聚焦群众所急所忧，持续整治乱收费、乱罚款、乱摊派等与民争利、扰民渔利、侵害企业合法权益的突出问题，以实际行动维护群众利益，增强人民群众的获得感、幸福感、安全感，让人民群众感受到正风肃纪反腐就在身边。

根据《纪律处分条例》第一百二十二条的规定，超标准、超范围向群众筹资筹劳、摊派费用，加重群众负担的，对直接责任者和领导责任者，情节较轻的，给予警告或者严重警告处分；情节较重的，给予撤销党内职务或者留党察看处分；情节严重的，给予开除党籍处分。

根据《公职人员政务处分法》第三十八条的规定，违反规定向管理服务对象收取、摊派财物，情节较重的，予以警告、记过或者记大过；情节严重的，予以降级或者撤职。

本案中，吴某作为乡政府主要负责人，要求辖区内的私营企业、个体工商户向乡政府"捐赠"办公用品，其行为本质上是将服务群众的义务当作管理群众的特权，将本应由单位承担的费用转移到群众身上，增加了群众的负担，应当认定为违规摊派，属于违反群众纪律，吴某对此负有直接责任。吴某的违规摊派行为损害了群众利益，败坏了党和政府的形象，侵蚀了党的执政基础，属于违反群众纪律，应当依照《纪律处分条例》《公职人员政务处分法》的相关规定予以严肃处理。同时，对于违规摊派获取的财物，应由乡政府按原价退赔给有关私营企业、个体工商户。

法规链接

《纪律处分条例》第一百二十二条；《公职人员政务处分法》第三十八条

26. 违规收取管理费的，应当给予什么处分？

基本案情

2013年至2014年，某镇经管站违规向各村超标准收取账表费 20240 元、档案管理费 17000 元，无收费许可收取合同管理费 69540 元，违规收费金额共计 106780 元。同时还存在将代管的村级资金用于购买银行理财产品、违规公务接待等问题。该站原站长聂某某受到留党察看一年、行政撤职处分，某镇分管农业、农村政策等工作的党委委员、副镇长张某某受到党内警告处分。

以案说纪

群众纪律是密切党同人民群众血肉联系的重要保证，是党的各级组织和全体党员坚持以人民为中心的发展思想和处理党群关系时必须遵守的行为规则。党的群众纪律要求各级党组织和共产党员必须坚持党的全心全意为人民服务的宗旨，随时随地维护人民群众的利益，不允许以任何借口、任何形式侵占和损害人民群众的利益。

《中国共产党章程》在总纲中指出："党在任何时候都把群众利益放在第一位，同群众同甘共苦，保持最密切的联系，坚持权为民所用、情为民所系、利为民所谋，不允许任何党员脱离群众，凌驾于群众之上。我们党的最大政治优势是密切联系群众，党执政后的最大危险是脱离群众。"

一切依靠群众、一切相信群众，一切为了群众，是我们党的立党之本、执政之基。所有违反群众纪律的行为，最终都会破坏党同人民群众的血肉联系，损害党的执政基础，对这些行为，必须严肃惩处。

根据《纪律处分条例》第一百二十二条的规定，在管理、服务活动中违反有关规定收取费用的，对直接责任者和领导责任者，情节较轻的，给予警告或者严重警告处分；情节较重的，给予撤销党内职务或者留党察看处分；情节严重的，给予开除党籍处分。在乡村振兴领域有上述行为的，从重或者加重处分。

法规链接

《纪律处分条例》第一百二十二条；《公职人员政务处分法》第三十八条

27. 不按照规定公开党务、政务、厂务、村（居）务的，应当给予什么处分？

📖 基本案情

李某，某乡某村村委会主任。某年6月，某乡发生洪灾，某村部分土地受灾，乡政府为此下拨60万元救灾款。村委会在发放救灾款的过程中，有村民认为发放不透明，要求李某公开发放情况。李某以每户受灾情况不同为由，不予公开。至次年5月，该村先后有90多名村民到县民政局信访举报。该村村委会不按规定公开救灾款的发放情况，属于不按规定公开村务，构成不按规定公开村务违纪行为。李某既是直接责任者，也是领导责任者，应追究其党纪责任。

📖 以案说纪

党的二十大报告指出，"必须坚定不移走中国特色社会主义政治发展道路，坚持党的领导、人民当家作主、依法治国有机统一，坚持人民主体地位，充分体现人民意志、保障人民权益、激发人民创造活力";"完善办事公开制度，拓宽基层各类群体有序参与基层治理渠道，保障人民依法管理基层公共事务和公益事业"。保障群众的知情权，是我们党全心全意为人民服务根本宗旨的具体体现。广大党员干部对此类事项一定不能掉以轻心，该公开的一定要按规定公开，否则就属于侵犯群众的知情权，违反了党的群众纪律。

《村民委员会组织法》第三十条规定："村民委员会实行村务公开制度。村民委员会应当及时公布下列事项，接受村民的监督：（一）本法第二十三条、第二十四条规定的由村民会议、村民代表会议讨论决定的事项及其实施情况；（二）国家计划生育政策的落实方案；（三）政府拨付和接受社会捐赠的救灾救助、补贴补助等资金、物资的管理使用情况；（四）村民委员会协助人民政府开展工作的情况；（五）涉及本村村民利益，村民普遍关心的其他事项。前款规定事项中，一般事项至少每季度公布一次；集体财务往来较多的，财务收支情况应当每月公布一次；涉及村民利益的重大事项应当随时公布。村民委员会应当保证所公布事项的真实性，并接受村民的查询。"

本案中，乡政府下拨的救灾款属于村民委员会应当及时公布、接受村民监督的事项。李某作为村委会主任，理应认真履行职责，按照规定公开村务，保障广大村民的知情权，却既没有公开救灾款的发放情况，也没有回应群众关于公开发放情况的要求，这是一种典型的侵犯群众知情权的行为，应当受到相应的党纪处分。

《纪律处分条例》第一百二十八条规定，不按照规定公开党务、政务、厂务、村（居）务等，侵犯群众知情权，对直接责任者和领导责任者，情节较重的，给予警告或者严重警告处分；情节严重的，给予撤销党内职务或者留党察看处分。

根据《公职人员政务处分法》第三十八条的规定，不按照规定公开工作信息，侵犯管理服务对象知情权，造成不良后果或者影响，情节较重的，予以警告、记过或者记大过；情节严重的，予以降级或者撤职。

法规链接

《纪律处分条例》第一百二十八条；《中国共产党

党务公开条例（试行）》；《中共中央办公厅、国务院办公厅关于全面推进政务公开工作的意见》；《村民委员会组织法》第三十条；《公职人员政务处分法》第三十八条；《政府信息公开条例》

五、工作纪律

28. 工作中有形式主义、官僚主义行为，造成严重损害或者严重不良影响的，应当给予什么处分？

基本案情

2016 年至 2021 年，周某某在任某市市委书记期间，搞"打卡式"、"作秀式"调研，有时一天要调研十多个点，到调研点与基层干部握握手、说两句话、拍几张照后随即离开，并不深入群众了解、解决实际困难。在调研过程中挑剔吃住、专车开道，增加基层负担。热衷搞舆论造势，支持他人写书宣扬其"功绩"，并安排财政资金购买该书，分发给干部学习。周某某还存在其他严重违纪违法问题，被开除党籍、开除公职，涉嫌的犯罪问题被移送检察机关依法审查起诉。

以案说纪

形式主义、官僚主义与党的优良传统、优良作风背道而驰,为广大干部群众所深恶痛绝。习近平总书记多次就坚决整治形式主义、官僚主义问题作出重要指示批示,强调纠正"四风"不能止步,作风建设永远在路上。

工作中,对于已经造成不良影响和严重后果的形式主义、官僚主义问题,《纪律处分条例》和《公职人员政务处分法》均作出了明确的惩戒性规定;对于虽未造成不良影响和严重后果的其他各种形式主义、官僚主义问题,也必须站在讲政治的高度,运用"第一种形态",做到抓早抓小、防微杜渐。

针对干部群众反映强烈的形式主义、官僚主义顽瘴痼疾,2023年修订的《纪律处分条例》第一百三十二条在工作纪律方面增写了对"脱离实际,不作深入调查研究,搞随意决策、机械执行"、"违反精文减会有关规定搞文山会海"、"在督查检查考核等工作中搞层层加码、过度留痕,增加基层工作负担"等形式主义、官僚主义行为的处分规定。

《纪律处分条例》第一百三十二条规定:"有下列

行为之一，造成严重损害或者严重不良影响的，对直接责任者和领导责任者，给予警告或者严重警告处分；情节较重的，给予撤销党内职务或者留党察看处分；情节严重的，给予开除党籍处分：（一）热衷于搞舆论造势、浮在表面；（二）单纯以会议贯彻会议、以文件落实文件，在实际工作中不见诸行动；（三）脱离实际，不作深入调查研究，搞随意决策、机械执行；（四）违反精文减会有关规定搞文山会海；（五）在督查检查考核等工作中搞层层加码、过度留痕，增加基层工作负担；（六）工作中其他形式主义、官僚主义行为。"

《公职人员政务处分法》第三十九条规定："有下列行为之一，造成不良后果或者影响的，予以警告、记过或者记大过；情节较重的，予以降级或者撤职；情节严重的，予以开除：……（二）不履行或者不正确履行职责，玩忽职守，贻误工作的；（三）工作中有形式主义、官僚主义行为的；……"

本案中，周某某在调研中搞形式主义、官僚主义，热衷舆论造势、做表面文章，广大党员干部应该深刻吸取教训，增强敬畏之心，明晰行为边界，自觉力戒形式主义、官僚主义。

法规链接

《纪律处分条例》第一百三十二条；《公职人员政务处分法》第三十九条

29. 泄露应当保密的资料的，应当给予什么处分？[①]

基本案情

2018年4月，某市机要部门通知原市检验检疫局服务中心文件专管员周某紧急去取一套涉密文件，但周某忙于手头其他工作，难以走开。周某认为，取文件而已，谁去都一样，便未向分管领导报告，私自委托新入职尚未接受保密培训的驾驶员赵某帮其代领。赵某领取文件后，出于炫耀心理，在返回途中于车内私自用手机对其中3份机密级文件首页进行拍照，并实时发布在微信群"相亲相爱一家人"中，造成泄密。

[①] 《密件经手责任重 切勿违规受惩处》，载国家保密局网站，https://www.gjbmj.gov.cn/n1/2019/0418/c420077-31037188.html，最后访问日期：2024年4月18日。

案件发生后，有关单位对赵某作出解除劳动合同，并移交司法机关的处理；取消周某文件专管员资格，责令其作出书面检查，并处罚金 1000 元；对服务中心主任文某进行诫勉谈话；给予该局办公室主任刘某党内警告处分；对该局副局长任某、局长奉某进行约谈，并责令其作出书面检查。

以案说纪

作为文件专管员的周某，在明知文件"专管"要求的情况下，仍私自委托新人赵某代领文件，自认为不会出问题，最终造成泄密事件。此外，实践中，还有党员干部收取密件时心有旁骛，忙于其他工作、私人事务，如放假、下班、就医等，对密件随手处置，导致泄密；收取涉密文件时不遵守有关规定，将密件随意放于桌面、玻璃柜、抽屉等位置，导致文件丢失或被他人复印、窃取；取件返程途中违规乘坐公共交通工具将密件遗失等情况，这些都违反了党的工作纪律。

《纪律处分条例》第一百四十四条规定，泄露、扩散或者打探、窃取党组织关于干部选拔任用、纪律审查、巡视巡察等尚未公开事项或者其他应当保密的内容的，给予警告或者严重警告处分；情节较重的，给予撤销党内职务或者留党察看处分；情节严重的，给予开除党籍处分。私自留存涉及党组织关于干部选拔任用、纪律审查、巡视巡察等方面资料，情节较重的，给予警告或者严重警告处分；情节严重的，给予撤销党内职务处分。

党员干部一定要心有所畏，敬畏法纪、敬畏工作，在从事涉及国家秘密的工作事项时，时刻保持如临深渊、如履薄冰的警觉与谨慎，始终把保密纪律和规矩挺在前面，将保密要求内化于心、外化于行。

法规链接

《纪律处分条例》第一百四十四条；《保守国家秘密法》

30. 因公临时出国（境），擅自延长期限，或者擅自变更路线的，应当给予什么处分？

基本案情

某市市长瞿某因公率团赴德国考察，完成相关任务后，瞿某在未经请示批准的情况下，擅自率团组成员前往邻近的奥地利逗留1天，为此多支付的2万元费用均由公款支付。

以案说纪

党的外事纪律，是党的纪律的重要组成部分。由于外事纪律涉及外事活动的方方面面，各种违反外事纪律的行为在行为性质及危害性等方面不尽相同，《纪律处分条例》对此未作专章规定，而是在分则相关章节的具体条文中予以规定，有的行为违反了组织纪律，有的行为违反了工作纪律，有的行为违反了廉洁纪律等。

本案中，瞿某在奥地利逗留期间，多花费的2万元费用均由公款支付。以各种名义用公款出国（境）旅游的行为，属于违反廉洁纪律的行为。《纪律处分条例》第一百一十五条对公款旅游的违纪行为作出了明确的处分规定："有下列行为之一，对直接责任者和领导责任者，情节较轻的，给予警告或者严重警告处分；情节较重的，给予撤销党内职务或者留党察看处分；情节严重的，给予开除党籍处分：（一）公款旅游或者以学习培训、考察调研、职工疗养等为名变相公款旅游；（二）改变公务行程，借机旅游；（三）参加所管理企业、下属单位组织的考察活动，借机旅游。以考察、学习、培训、研讨、招商、参展等名义变相用公款出国（境）旅游的，对直接责任者和领导责任者，依照前款规定处理。"

本案中，瞿某属于因公临时出国（境）人员。临时出国（境）团（组）或者人员，指的是因公临时派往国（境）外学习、工作、考察、访问的各类团组或者人员，此类团组或者人员一般在国（境）外驻留时间较短，其行程和任务亦十分明确。这类人员未经批准擅自延长在国（境）外期限，或者擅自变更在国（境）外路线的行为，即属于违反工作纪律的行为。

《纪律处分条例》第一百四十七条规定，临时出国（境）团（组）或者人员中的党员，擅自延长在国（境）外期限，或者擅自变更路线的，对直接责任者和领导责任者，给予警告或者严重警告处分；情节严重的，给予撤销党内职务处分。

法规链接

《纪律处分条例》第一百一十五条、第一百四十六条、第一百四十七条

六、生活纪律

31. 沉迷赌博，甚至因赌生腐，演变为受贿行贿的，应当给予什么处分？

基本案情

徐某，某县某乡原党委委员、副乡长。由于工作原因，徐某的妻儿常年不在县城的家里住。下班后徐某就"放飞自我"。这"八小时之外"的放纵，正是他一步步走向违纪违法乃至犯罪的诱因。渐渐地，徐某跟着同事养成了打牌、去娱乐场所等不良习惯。有时候徐某输钱了身边没现金，就问管理服务对象"借钱"，动辄三五千，对方往往心领神会，赌资有去无回也从不催讨。一些管理服务对象投其所好，"借钱"给徐某"玩耍"，久而久之便与其称兄道弟，逐步实现权钱交易。

徐某的牌友不仅包括管理服务对象，还包括下属。

徐某自身不正,还鼓动、带动下属人员一起贪腐。该管理的不管理,该监督的不监督,导致公权力没有公信力。

后某县纪委监委对徐某严重违纪违法问题进行了纪律审查和监察调查。经查,徐某违反廉洁纪律,收受可能影响公正执行公务的礼卡;违反国家法律法规规定,利用职务上的便利为他人谋取利益,非法收受他人财物,数额巨大,涉嫌受贿罪;利用职务上的便利侵吞公共财物,数额较大,涉嫌贪污罪。最终,县纪委监委给予徐某开除党籍、开除公职处分,并将其涉嫌犯罪问题移送检察机关依法审查、提起公诉。

以案说纪

党员干部参赌涉赌损害党和政府的形象,如果参与赌博赌资较大,也可能违反《治安管理处罚法》以及《刑法》,此外,还容易引发权钱交易等违纪违法行为。随着"网络赌博"的兴起,赌博隐蔽性更强、形式更多样,个别党员干部沉迷其中无法自拔,滋生一系列腐败问题,更有甚者由"赌徒"转向"庄家",架设赌场抽成牟利,在违纪违法的道路上越走越远。

党员干部并不天然具备免疫力，对于赌博等违纪违法问题必须始终保持高度警惕。"赌"和"贪"密不可分，党员干部参赌涉赌背后往往隐藏着腐败问题。在一些党员干部眼中，赌博成了受贿行贿的"遮羞布"和"障眼法"。一些人不敢明目张胆地"送"，便打着赌博的幌子，上演"上级赢下级"、"干部赢老板，老板拿项目"的戏码，输钱者"心甘情愿"，赢钱者"心安理得"。

《纪律处分条例》第一百五十条规定，生活奢靡、铺张浪费、贪图享乐、追求低级趣味，造成不良影响的，给予警告或者严重警告处分；情节严重的，给予撤销党内职务处分。

第九十七条规定，收受可能影响公正执行公务的礼品、礼金、消费卡（券）和有价证券、股权、其他金融产品等财物，情节较轻的，给予警告或者严重警告处分；情节较重的，给予撤销党内职务或者留党察看处分；情节严重的，给予开除党籍处分。收受其他明显超出正常礼尚往来的财物的，依照前述规定处理。

对于应当发挥先锋模范作用的党员干部和公职人员来说，应当在遵纪守法、杜绝赌博方面作出表率。广大党员干部应当严守纪法底线，养成良好的生活作风，自觉拒赌、远离聚赌、带头禁赌,努力营造风清气正的工作生活氛围。

法规链接

《纪律处分条例》第九十七条、第一百五十条;《治安管理处罚法》第七十条

32. 不重视家风建设,对配偶、子女及其配偶失管失教,造成不良影响或者严重后果的,应当给予什么处分?

基本案情

杨某某,先后在两地四县工作,一步步从乡镇工作人员成长为副厅级领导干部,长期担任党政"一把手"。在杨某某的老乡、商人朋友眼中,杨某某的儿子就是杨某某的"代言人",更是他们接近杨某某、为自身谋取不正当利益的"捷径"。杨某某对一些商人朋友以帮助杨某某的儿子"创业"、变着花样行贿的行为视而不见。商人王某为获得杨某某的帮助,先后代杨某某的儿子支付项

目工程款 90 万元。在杨某某的默许、纵容下，其儿子先后出面收受"感谢费"数百万元，成为杨某某贪腐路上的最大"助攻手"。杨某某的哥哥，原本一直在家务农，没有从事工程项目建设的经验，然而在杨某某的帮助下，他利用工程项目转包牟利，在自身没有资金投入的情况下，通过收取项目"转包费"的方式，轻松获利百余万元。

此外，杨某某还存在其他严重违纪违法问题。2021年7月，杨某某因涉嫌严重违纪违法接受某省纪委监委纪律审查和监察调查。2022年8月，杨某某被开除党籍、开除公职。2023年3月，杨某某因犯受贿罪被判处有期徒刑10年，并处罚金人民币100万元。

以案说纪

本案中，杨某某为达到"家族致富"目的，毫无原则地把亲情和家族利益凌驾于纪法之上，滥用权力，带动或者纵容家族成员共同贪赃枉法，最终自己和家人都将面临牢狱之苦，付出沉重代价，所获不正当利益也全部被追缴。

杨某某在忏悔录中写道："家里凡大事小事都要找

我，我总是千方百计地提供帮助，慢慢地，家庭成员尝到了甜头，甚至对我产生了依赖，认为这是理所应当。为了满足自己的贪欲，我还将家中的某些成员作为自己敛财的工具，以此增加家庭的经济收入。家族中的远亲也没有忘了凑热闹，不仅托我给他们承接工程项目，拿不到工程款时，还要我帮他们打招呼去要。当然，他们赚了钱，自然不会忘记我，他们学会了对我的'围猎'，我也甘愿被'围猎'。"

己身不正，岂能正人。好家风可以涵养清廉的社风民风，坏家风却为腐败滋生提供土壤和条件。许多党员领导干部严重违纪违法案件都与畸形的"亲情"、"友情"有着密切联系，一些党员干部的亲情观发生严重扭曲，他们庇护纵容亲友打着自己的旗号大肆捞取好处，在情与法之间作出错误选择。

2023年修订的《纪律处分条例》有多处针对党员领导干部不重视家风建设的处分规定。例如，第一百零六条规定了对"离职或者退（离）休后利用原职权或者职务上的影响，为配偶、子女及其配偶等亲属和其他特定关系人从事经营活动谋取利益"行为以及"离职或者退（离）休后利用原职权或者职务上的影响为他人谋取利益，本人的配偶、子女及其配偶等亲属和其他特定关系人收受对方财物"行为的处分；第一百零七条规定了对"党员领导干部的配偶、子女及其配偶，违反有关规定在该党员领导干部管辖的地区和业务范围内从事可能影响其公正执行公务的经营活动，或者有其他违反经商办企业禁业规定行为"的处分；第一百五十二条规定了对"党员领导干部不重视家风建设，对配偶、子女及其配偶失管失教，造成不良影响或者严重后果的"情况的处分。

家风连着党风，家廉才能政廉。家风家教是一个家庭最宝贵的财富。领导干部的家风不是个人小事、家庭私事，而是作风的重要表现，领导干部必须注重家庭、注重家教、注重家风。党员干部要强化党性修养，坚持以身作则、从严治家，把管好身边人和管好身边事落到实处，严格教育、约束亲属子女，力戒特权思想、享乐主义和奢靡之风，心存敬畏、行有所止，不断培养家庭成员的良好道德品质。

法规链接

《纪律处分条例》第一百零六条、第一百零七条、第一百五十二条

33. 在网络上造谣、传谣的，应当给予什么处分？

基本案情

某晚，某县农业农村委员会干部黄某某携家人去县城某超市购物，听见一个中年妇女大声呼救，说"有人抢劫"，黄某某顺着中年妇女所指的方向前去追赶嫌犯，但没有追上。在返回的路上，黄某某听见有人议论说，县城近期有人抢小孩，抱上车就跑。回家后，黄某某在未知事件真实性的情况下，编写了一条"某县城街道上连续发生抢劫和抢小孩案件，抱上车就走"的信息，用自己的手机在微信群和朋友圈里发布，随后，该信息在微信里被频频转发，引起了群众的恐慌，特别是引起了一些家长的极度恐慌，造成了极其恶劣的影响。

得知情况后，县纪委和县公安局立即组成调查组着手调查核实。经核实，此信息不实，纯属谣言。根据《治安管理处罚法》第二十五条第一项的规定，黄某某因散布谣言、故意扰乱公共秩序被行政拘留5日。后黄某某受到党内警告处分。

以案说纪

网络空间不是法外之地、党纪"飞地",网络言行是党员干部言行的重要组成部分。党员干部必须严格遵守党的纪律,自觉规范在微信等网络空间的言论,自觉维护网络宣传阵地,树立良好的社会形象,决不允许自行其是、不负责任地造谣、传谣。

2023年修订的《纪律处分条例》在第一百五十三条增写了对违背社会公序良俗,在网络空间有不当言行的处分规定,促进党员做到网上、线下一个样,绷紧网络不是法外之地这根弦。党员干部应当从案例中汲取教训,以免重蹈覆辙。

《纪律处分条例》第一百五十三条规定,违背社会公序良俗,在公共场所、网络空间有不当言行,造成不良影响的,给予警告或者严重警告处分;情节较重的,给予撤销党内职务或者留党察看处分;情节严重的,给予开除党籍处分。

互联网时代,党员干部尤其要认清网络谣言的社会危害,做到不造谣,不信谣,不传谣,自觉抵制网络谣言。

> **法规链接**

《纪律处分条例》第一百五十三条；《治安管理处罚法》第二十五条

第二篇
廉洁修身

1. 不矜细行，终累大德[①]

"不矜细行，终累大德"出自《尚书·旅獒》，意思是不注意小事小节方面的修养，到头来就会伤害大节，酿成终生的遗憾。

2014年在党的群众路线教育实践活动总结大会上，习近平总书记借"不矜细行，终累大德"的古训，要求各级干部要从我做起、从小事做起……紧紧盯住作风领域出现的新变化新问题，及时跟进相应的对策措施，做到掌握情况不迟钝、解决问题不拖延、化解矛盾不积压，谁以身试法就要坚决纠正和查处……使党员、干部不仅不敢沾染歪风邪气，而且不能、不想沾染歪风邪气，使党的作风全面纯洁起来。

2. 物必先腐，而后虫生

"物必先腐也，而后虫生之"出自苏轼的《范增

---

① 以下典故参见《昭昭史鉴倡反腐！带您品读习近平十大廉政用典》，载人民网，http://jhsjk.people.cn/article/31395372，最后访问日期：2024年4月17日。

论》，意思是东西总是自身先腐烂，然后虫子才会寄生，说明事物总是自己先有弱点然后才为外物所侵。这条古训指出，内因是事物发展变化的第一位原因，腐败问题的关键在于腐败者自身道德素养不高，自控能力差，容易受到物质和金钱的诱惑。

习近平总书记在十八届中共中央政治局第一次集体学习时的讲话中指出，反对腐败、建设廉洁政治，保持党的肌体健康，始终是我们党一贯坚持的鲜明政治立场。党风廉政建设，是广大干部群众始终关注的重大政治问题。各级领导干部特别是高级干部要自觉遵守廉政准则，既严于律己，又加强对亲属和身边工作人员的教育和约束，决不允许以权谋私，决不允许搞特权。

3. 莫用三爷，废职亡家

"莫用三爷，废职亡家"是清代流传甚广的一句谚语。"三爷"指的是少爷、姑爷、舅爷，也就是儿子、女婿、妻兄弟。意在告诫为官者，这三种人千万不可任用，否则会丢官罢职、败家毁业。

在党的第十八届中央纪律检查委员会第六次全体会

议上，习近平总书记指出，从近年来查处的腐败案件看，家风败坏往往是领导干部走向严重违纪违法的重要原因。每一位领导干部都要把家风建设摆在重要位置，廉洁修身、廉洁齐家，在管好自己的同时，严格要求配偶、子女和身边工作人员。

4. 公生明，廉生威

"公生明，廉生威"用以诠释为官之本最重要的莫过于两点：一是公；二是廉。其意为：下属敬畏我，不在于我是否严厉而在于我是否廉洁；百姓信服我，不在于我是否有才干而在于我办事是否公正。公正则百姓不敢轻慢，廉洁则下属不敢欺蒙。处事公正才能明辨是非，做人廉洁才能树立权威。

公正廉洁是为政者应当具备的基本品德，也是领导干部的从政之基。对广大党员干部而言，廉洁自律这根弦永远不能松。党员干部要明大德、守公德、严私德，清清白白做人、干干净净做事，做到克己奉公、以俭修身，永葆清正廉洁的政治本色。

5. 大贤秉高鉴，公烛无私光

"大贤秉高鉴，公烛无私光"出自孟郊的《上达奚舍人》。大贤，指达奚舍人。本句意为大贤正大光明如明镜高悬，公烛普照大地并无私偏。

在纪念周恩来同志诞辰 120 周年座谈会讲话中，习近平总书记用"大贤秉高鉴，公烛无私光"高度赞扬周恩来同志心底无私、天下为公的高尚人格，指出周恩来同志是严于律己、清正廉洁的杰出楷模，并号召全党同志要向周恩来同志学习，牢记手中的权力是党和人民赋予的，是用来为人民服务的，一身正气，两袖清风，自觉接受监督，敬畏人民、敬畏组织、敬畏法纪，拒腐蚀、永不沾，决不搞特权，决不以权谋私，做一个堂堂正正的共产党人。

6. 坚守初心、不改本色

张富清，原西北野战军 359 旅 718 团 2 营 6 连战士，在解放战争的枪林弹雨中九死一生，先后荣立一等功三次、二等功一次，被西北野战军记"特等功"，两次获得"战斗英雄"荣誉称号。1955年，张富清退役转业到湖北省最偏远的来凤县工作，为贫困山区奉献一生。张富清的先进事迹，充分彰显了共产党人坚守初心、不改本色的政治品格，有力弘扬了淡泊名利、无私奉献的崇高精神。

习近平总书记强调，老英雄张富清60多年深藏功名，一辈子坚守初心、不改本色，事迹感人。在部队，他保家卫国；到地方，他为民造福。他用自己的朴实纯粹、淡泊名利书写了精彩人生，是广大部队官兵和退役军人学习的榜样。要积极弘扬奉献精神，凝聚起万众一心奋斗新时代的强大力量。

7. 亲民爱民、艰苦奋斗、科学求实、迎难而上、无私奉献

1962年12月，焦裕禄调到兰考县工作，先后任县委第二书记、书记。焦裕禄以"在困难面前逞英雄"的革命气概、"敢教日月换新天"的豪情壮志，带领干部群众与长期横亘在豫东黄河故道的内涝、风沙、盐碱三

大自然灾害作斗争，努力改变兰考面貌。他心中装着全体人民，唯独没有他自己。1964年5月14日，焦裕禄不幸因肝癌病逝。他用自己的实际行动，铸就了焦裕禄精神。

习近平总书记指出，焦裕禄同志是人民的好公仆，是县委书记的榜样，也是全党的榜样。亲民爱民、艰苦奋斗、科学求实、迎难而上、无私奉献的焦裕禄精神，过去是、现在是、将来仍然是我们党的宝贵精神财富，永远不会过时。生命有限，很多英雄模范人物崇高精神的形成过程也是有限的，但形成了一种宝贵精神财富，是一个永恒的定格。焦裕禄精神，同井冈山精神、延安精神、雷锋精神、红旗渠精神等都是共存的。任何一个民族都需要有这样的精神构成其强大精神力量，这样的精神无论时代发展到哪一步都不会过时。

8. 在荣誉上不伸手，在待遇上不伸手，在物质上不伸手

王杰，1942年生，山东金乡县人，伟大的共产主义战士，装甲兵某部工兵一连班长。1965年7月14日，

王杰在组织民兵训练时突遇炸药意外爆炸。危急关头，王杰奋不顾身扑向炸药包，掩护了在场12名民兵和人武干部的安全，生命永远地定格在了23岁。王杰"一不怕苦、二不怕死"的"两不怕"革命精神被广为传颂。除了"两不怕"精神，王杰"在荣誉上不伸手，在待遇上不伸手，在物质上不伸手"的"三不伸手"精神，也让许多干部群众深受触动。

习近平总书记指出，王杰"在荣誉上不伸手，在待遇上不伸手，在物质上不伸手"，这"三不伸手"是一面镜子，共产党员都要好好照照这面镜子。一不怕苦、二不怕死是血性胆魄的生动写照，要成为革命军人的座右铭。王杰精神过去是、现在是、将来永远是我们的宝贵精神财富，要学习践行王杰精神，让王杰精神绽放新的时代光芒。

9. 敢于担当、勇于创新、崇法尚德、公正为民

上海市高级人民法院原副院长邹碧华投身司法事业26年，始终坚持"敢于担当、勇于创新、崇法尚德、公正为民"的职业精神，将自己的一生奉献给了人民司

法事业，为法治中国建设贡献出自己的全部力量。2014年12月10日，邹碧华同志在赶往司法改革试点单位徐汇区法院的途中，突发心脏病，经抢救无效因公殉职，年仅47岁。在26年的法院工作中，虽经历多次职务和角色转换，邹碧华同志始终充满激情。在他看来，工作本身就是回报，艰难的任务能锻炼意志，新的工作能拓展才能，与同事的合作能培养人格。他做任何工作都坚持高标准，精益求精，不知疲倦。他坚守高尚的精神追求，坚持原则，公道正派，严以律己，清正廉洁，始终保持着一名共产党员和人民法官的政治本色。

习近平总书记指出，邹碧华同志是新时期公正为民的好法官、敢于担当的好干部。他崇法尚德，践行党的宗旨、捍卫公平正义，特别是在司法改革中，敢啃硬骨头，甘当"燃灯者"，生动诠释了一名共产党员对党和人民事业的忠诚。广大党员干部特别是政法干部要以邹碧华同志为榜样，在全面深化改革、全面依法治国的征程中，坚定理想信念，坚守法治精神，忠诚敬业、锐意进取、勇于创新、乐于奉献，努力作出无愧于时代、无愧于人民、无愧于历史的业绩。

10. 坚韧执着、无私奉献

张桂梅，云南省丽江华坪女子高级中学党支部书记、校长，华坪县儿童福利院（华坪儿童之家）院长。张桂梅同志把全部身心投入到边疆民族地区教育事业和儿童福利事业，创办了全国第一所全免费女子高中，是华坪儿童之家130多个孤儿的"妈妈"。她坚持用红色文化引领教育，培养学生不畏艰辛、吃苦耐劳的品格，引导学生铭记党恩、回报社会。她坚持每周开展1次理论学习、重温1次入党誓词的组织生活，发挥党员在学校各项工作中的先锋模范作用。她常年坚持家访，行程11万多公里，覆盖学生1300多名，为学校留住了学生，为学生留住了用知识改变命运的机会。她吃穿用非常简朴，对自己近乎"抠门"，却把工资、奖金捐出来，用在教学和学生身上。她以坚韧执着的拼搏和无私奉献的大爱，诠释了共产党员的初心使命。

习近平总书记指出，人民教师张桂梅，拖着病体在云南华坪县创办了全国第一所全免费女子高中，帮助1800多名贫困山区女孩圆梦大学……为我们树起了榜样。坚定理想信念，必先知之而后信之，信之而后行之。大家一定要明白，理想信念不是拿来喊空头口号的，只有见诸行动才有说服力。大家还要牢记，坚定理想信念不是一阵子而是一辈子的事，要常修常炼、常悟常进，无论顺境逆境都坚贞不渝，经得起大浪淘沙的考验。

附 录

中国共产党廉洁自律准则

（2015年10月12日中共中央政治局会议审议批准 2015年10月18日中共中央发布）

中国共产党全体党员和各级党员领导干部必须坚定共产主义理想和中国特色社会主义信念，必须坚持全心全意为人民服务根本宗旨，必须继承发扬党的优良传统和作风，必须自觉培养高尚道德情操，努力弘扬中华民族传统美德，廉洁自律，接受监督，永葆党的先进性和纯洁性。

党员廉洁自律规范

第一条　坚持公私分明，先公后私，克己奉公。

第二条　坚持崇廉拒腐，清白做人，干净做事。

第三条　坚持尚俭戒奢，艰苦朴素，勤俭节约。

第四条　坚持吃苦在前，享受在后，甘于奉献。

党员领导干部廉洁自律规范

第五条　廉洁从政，自觉保持人民公仆本色。
第六条　廉洁用权，自觉维护人民根本利益。
第七条　廉洁修身，自觉提升思想道德境界。
第八条　廉洁齐家，自觉带头树立良好家风。

中国共产党纪律处分条例

（2003年12月23日中共中央政治局会议审议批准　2003年12月31日中共中央发布　2023年12月8日中共中央政治局会议第三次修订　2023年12月19日中共中央发布）

第一编　总　　则

第一章　总体要求和适用范围

第一条　【制定目的】[①]　为了维护党章和其他党内法

[①] 本书中的条文主旨均为编者所加，仅供读者参考检索。

规，严肃党的纪律，纯洁党的组织，保障党员民主权利，教育党员遵纪守法，维护党的团结统一，保证党的理论、路线、方针、政策、决议和国家法律法规的贯彻执行，根据《中国共产党章程》，制定本条例。

第二条　【指导思想】党的纪律建设必须坚持以马克思列宁主义、毛泽东思想、邓小平理论、"三个代表"重要思想、科学发展观、习近平新时代中国特色社会主义思想为指导，坚持和加强党的全面领导，坚决维护习近平总书记党中央的核心、全党的核心地位，坚决维护以习近平同志为核心的党中央权威和集中统一领导，弘扬伟大建党精神，坚持自我革命，贯彻全面从严治党战略方针，落实新时代党的建设总要求，推动解决大党独有难题，健全全面从严治党体系，全面加强党的纪律建设，为以中国式现代化全面推进强国建设、民族复兴伟业提供坚强纪律保障。

第三条　【遵守党章党纪】党章是最根本的党内法规，是管党治党的总规矩。党的纪律是党的各级组织和全体党员必须遵守的行为规则。党组织和党员必须坚守初心使命，牢固树立政治意识、大局意识、核心意识、看齐意识，始终坚定道路自信、理论自信、制度自信、文化自信，切实践行正确的权力观、政绩观、事业观，自觉遵守和维护党章，严格执行和维护党的纪律，自觉接受党的纪律约束，模范遵守国家法律法规。

第四条　【党的纪律处分工作的原则】党的纪律处分工作遵循下列原则：

（一）坚持党要管党、全面从严治党。把严的基调、严的措施、严的氛围长期坚持下去，加强对党的各级组织和全体党员的教育、管理和监督，把纪律挺在前面，抓早抓小、防微杜渐。

（二）党纪面前一律平等。对违犯党纪的党组织和党员必须严肃、公正执行纪律，党内不允许有任何不受纪律约束的党组织和党员。

（三）实事求是。对党组织和党员违犯党纪的行为，应当以事实为依据，以党章、其他党内法规和国家法律法规为准绳，执纪执法贯通，准确认定行为性质，区别不同情况，恰当予以处理。

（四）民主集中制。实施党纪处分，应当按照规定程序经党组织集体讨论决定，不允许任何个人或者少数人擅自决定和批准。上级党组织对违犯党纪的党组织和党员作出的处理决定，下级党组织必须执行。

（五）惩前毖后、治病救人。处理违犯党纪的党组织和党员，应当实行惩戒与教育相结合，做到宽严相济。

第五条　【监督执纪的四种形态】深化运用监督执纪"四种形态"，经常开展批评和自我批评，及时进行谈话提醒、批评教育、责令检查、诫勉，让"红红脸、出出汗"成为常态；党纪轻处分、组织调整成为违纪处理的大多数；党纪重处分、重大职务调整的成为少数；严重违纪涉嫌犯罪追究刑事责任的成为极少数。

第六条　【适用范围】本条例适用于违犯党纪应当受到党纪责任追究的党组织和党员。

第二章　违纪与纪律处分

第七条　【违纪必究及重点查处的问题】党组织和党员违反党章和其他党内法规，违反国家法律法规，违反党和国家政策，违反社会主义道德，危害党、国家和人民利益的行为，依照规定应当给予纪律处理或者处分的，都必须受到追究。

重点查处党的十八大以来不收敛、不收手，问题线索反映集中、群众反映强烈，政治问题和经济问题交织的腐败案件，违反中央八项规定精神的问题。

第八条 【对党员的纪律处分种类】对党员的纪律处分种类：

（一）警告；

（二）严重警告；

（三）撤销党内职务；

（四）留党察看；

（五）开除党籍。

第九条 【对党组织的纪律处分】对于违犯党纪的党组织，上级党组织应当责令其作出书面检查或者给予通报批评。对于严重违犯党纪、本身又不能纠正的党组织，上一级党的委员会在查明核实后，根据情节严重的程度，可以予以：

（一）改组；

（二）解散。

第十条 【警告和严重警告】党员受到警告处分一年内、受到严重警告处分一年半内，不得在党内提拔职务或者进一步使用，也不得向党外组织推荐担任高于其原任职务的党外职务或者进一步使用。

第十一条 【撤销党内职务、党外职务】撤销党内职务处分，是指撤销受处分党员由党内选举或者组织任命的党内职务。对于在党内担任两个以上职务的，党组织在作处分决定时，应当明确是撤销其一切职务还是一个或者几个职务。如果决定撤销其一个职务，必须撤销其担任的最高职务。如果决定撤销其两个以上职务，则必须从其担任的最高职务开始依次撤销。对于在党外组织担任职务的，应当建议党外组织撤销其党外职务。

对于在立案审查中因涉嫌违犯党纪被免职的党员，审查后依照本条例规定应当给予撤销党内职务处分的，应当按照其原任职务给予撤销党内职务处分。对于应当受到撤销党内职务处分，但是本人没有担任党内职务的，应当给予其严重警告处分。同时，在党外组织担任职务的，应当建议党外组织撤销其党外职务。

党员受到撤销党内职务处分，或者依照前款规定受到严重警告处分的，二年内不得在党内担任和向党外组织推荐担任与其原任职务相当或者高于其原任职务的职务。

第十二条 【留党察看】留党察看处分，分为留党察看一年、留党察看二年。对于受到留党察看处分一年的党员，期满后仍不符合恢复党员权利条件的，应当延长一年留党察看期限。留党察看期限最长不得超过二年。

党员受留党察看处分期间，没有表决权、选举权和被选举权。留党察看期间，确有悔改表现的，期满后恢复其党员权利；坚持不改或者又发现其他应当受到党纪处分的违纪行为的，应当开除党籍。

党员受到留党察看处分，其党内职务自然撤销。对于担任党外职务的，应当建议党外组织撤销其党外职务。受到留党察看处分的党员，恢复党员权利后二年内，不得在党内担任和向党外组织推荐担任与其原任职务相当或者高于其原任职务的职务。

第十三条 【开除党籍】党员受到开除党籍处分，五年内不得重新入党，也不得推荐担任与其原任职务相当或者高于其原任职务的党外职务。另有规定不准重新入党的，依照规定。

第十四条 【组织处理与终止党代表资格】党员干部受到党纪处分，需要同时进行组织处理的，党组织应当按照规定给予组织处理。

党的各级代表大会的代表受到留党察看以上处分的，党组织应当终止其代表资格。

第十五条 【党组织改组的领导机构成员均免职】对于受到改组处理的党组织领导机构成员，除应当受到撤销党内职务以上处分的外，均自然免职。

第十六条 【党组织解散的应逐个审查党员】 对于受到解散处理的党组织中的党员,应当逐个审查。其中,符合党员条件的,应当重新登记,并参加新的组织过党的生活;不符合党员条件的,应当对其进行教育、限期改正,经教育仍无转变的,予以劝退或者除名;有违纪行为的,依照规定予以追究。

第三章 纪律处分运用规则

第十七条 【从轻或者减轻处分的情形】 有下列情形之一的,可以从轻或者减轻处分:

(一)主动交代本人应当受到党纪处分的问题;

(二)在组织谈话函询、初步核实、立案审查过程中,能够配合核实审查工作,如实说明本人违纪违法事实;

(三)检举同案人或者其他人应当受到党纪处分或者法律追究的问题,经查证属实,或者有其他立功表现;

(四)主动挽回损失、消除不良影响或者有效阻止危害结果发生;

(五)主动上交或者退赔违纪所得;

(六)党内法规规定的其他从轻或者减轻处分情形。

第十八条 【中央纪委特批减轻处分】 根据案件的

特殊情况，由中央纪委决定或者经省（部）级纪委（不含副省级市纪委）决定并呈报中央纪委批准，对违纪党员也可以在本条例规定的处分幅度以外减轻处分。

第十九条 【免予处分、不予党纪处分、不追究党纪责任】对于党员违犯党纪应当给予警告或者严重警告处分，但是具有本条例第十七条规定的情形之一或者本条例分则中另有规定的，可以给予批评教育、责令检查、诫勉或者组织处理，免予党纪处分。对违纪党员免予处分，应当作出书面结论。

党员有作风纪律方面的苗头性、倾向性问题或者违犯党纪情节轻微的，可以给予谈话提醒、批评教育、责令检查等，或者予以诫勉，不予党纪处分。

党员行为虽然造成损失或者后果，但不是出于故意或者过失，而是由于不可抗力等原因所引起的，不追究党纪责任。

第二十条 【从重或者加重处分的情形】有下列情形之一的，应当从重或者加重处分：

（一）强迫、唆使他人违纪；

（二）拒不上交或者退赔违纪所得；

（三）违纪受处分后又因故意违纪应当受到党纪处分；

（四）违纪受处分后，又被发现其受处分前没有交代的其他应当受到党纪处分的问题；

（五）党内法规规定的其他从重或者加重处分情形。

第二十一条 【影响期的计算】党员在党纪处分影响期内又受到党纪处分的，其影响期为原处分尚未执行的影响期与新处分影响期之和。

第二十二条 【从轻处分与从重处分的含义】从轻处分，是指在本条例规定的违纪行为应当受到的处分幅度以内，给予较轻的处分。

从重处分，是指在本条例规定的违纪行为应当受到的处分幅度以内，给予较重的处分。

第二十三条 【减轻处分与加重处分的含义】减轻处分，是指在本条例规定的违纪行为应当受到的处分幅度以外，减轻一档给予处分。

加重处分，是指在本条例规定的违纪行为应当受到的处分幅度以外，加重一档给予处分。

本条例规定的只有开除党籍处分一个档次的违纪行为，不适用第一款减轻处分的规定。

第二十四条 【一人有两种以上违纪行为的合并处理】一人有本条例规定的两种以上应当受到党纪处分的违

纪行为，应当合并处理，按其数种违纪行为中应当受到的最高处分加重一档给予处分；其中一种违纪行为应当受到开除党籍处分的，应当给予开除党籍处分。

第二十五条 【一个行为触犯两个以上条款的处理】一个违纪行为同时触犯本条例两个以上条款的，依照处分较重的条款定性处理。

一个条款规定的违纪构成要件全部包含在另一个条款规定的违纪构成要件中，特别规定与一般规定不一致的，适用特别规定。

第二十六条 【两人以上共同故意违纪的处理】二人以上共同故意违纪的，对为首者，从重处分，本条例另有规定的除外；对其他成员，按照其在共同违纪中所起的作用和应负的责任，分别给予处分。

对于经济方面共同违纪的，按照个人参与数额及其所起作用，分别给予处分。对共同违纪的为首者，情节严重的，按照共同违纪的总数额处分。

教唆他人违纪的，应当按照其在共同违纪中所起的作用追究党纪责任。

第二十七条 【党组织领导机构集体违纪的处理】党组织领导机构集体作出违犯党纪的决定或者实施其他违

犯党纪的行为，对具有共同故意的成员，按共同违纪处理；对过失违纪的成员，按照各自在集体违纪中所起的作用和应负的责任分别给予处分。

第四章 对违法犯罪党员的纪律处分

第二十八条 【违法犯罪党员的党纪处分】对违法犯罪的党员，应当按照规定给予党纪处分，做到适用纪律和适用法律有机融合，党纪政务等处分相匹配。

第二十九条 【对涉嫌犯罪的党员的党纪处分】党组织在纪律审查中发现党员有贪污贿赂、滥用职权、玩忽职守、权力寻租、利益输送、徇私舞弊、浪费国家资财等违反法律涉嫌犯罪行为的，应当给予撤销党内职务、留党察看或者开除党籍处分。

第三十条 【对不涉及犯罪但须追究党纪责任的党员的党纪处分】党组织在纪律审查中发现党员有刑法规定的行为，虽不构成犯罪但须追究党纪责任的，或者有其他破坏社会主义市场经济秩序、违反治安管理等违法行为，损害党、国家和人民利益的，应当视具体情节给予警告直至开除党籍处分。

违反国家财经纪律，在公共资金收支、税务管理、国有资产管理、政府采购管理、金融管理、财务会计管理等财经活动中有违法行为的,依照前款规定处理。

党员有嫖娼或者吸食、注射毒品等丧失党员条件,严重败坏党的形象行为的,应当给予开除党籍处分。

第三十一条 【对违法犯罪党员的处理程序】党组织在纪律审查中发现党员严重违纪涉嫌违法犯罪的,原则上先作出党纪处分决定,并按照规定由监察机关给予政务处分或者由任免机关(单位)给予处分后,再移送有关国家机关依法处理。

第三十二条 【对被留置、逮捕党员的处理】党员被依法留置、逮捕的,党组织应当按照管理权限中止其表决权、选举权和被选举权等党员权利。根据监察机关、司法机关处理结果,可以恢复其党员权利的,应当及时予以恢复。

第三十三条 【对犯罪情节轻微的党员的处理】党员犯罪情节轻微,人民检察院依法作出不起诉决定的,或者人民法院依法作出有罪判决并免予刑事处罚的,应当给予撤销党内职务、留党察看或者开除党籍处分。

党员犯罪,被单处罚金的,依照前款规定处理。

第三十四条 【因犯罪开除党籍的情形】党员犯罪,

有下列情形之一的，应当给予开除党籍处分：

（一）因故意犯罪被依法判处刑法规定的主刑（含宣告缓刑）；

（二）被单处或者附加剥夺政治权利；

（三）因过失犯罪，被依法判处三年以上（不含三年）有期徒刑。

因过失犯罪被判处三年以下有期徒刑或者被判处管制、拘役的，一般应当开除党籍。对于个别可以不开除党籍的，应当对照处分违纪党员批准权限的规定，报请再上一级党组织批准。

第三十五条 **【对受到刑事、行政或党纪处分的党员的处理】**党员依法受到刑事责任追究的，党组织应当根据司法机关的生效判决、裁定、决定及其认定的事实、性质和情节，依照本条例规定给予党纪处分，是公职人员的由监察机关给予相应政务处分或者由任免机关（单位）给予相应处分。

党员依法受到政务处分、任免机关（单位）给予的处分、行政处罚，应当追究党纪责任的，党组织可以根据生效的处分、行政处罚决定认定的事实、性质和情节，经核实后依照规定给予相应党纪处分或者组织处理。其中，党员依法受到撤职以上处分的，应当依照本条例规定给予撤销党内职务以上处分。

党员违反国家法律法规、企事业单位或者其他社会组织的规章制度受到其他处分，应当追究党纪责任的，党组织在对有关方面认定的事实、性质和情节进行核实后，依照规定给予相应党纪处分或者组织处理。

党组织作出党纪处分或者组织处理决定后，监察机关、司法机关、行政机关等依法改变原生效判决、裁定、决定等，对原党纪处分或者组织处理决定产生影响的，党组织应当根据改变后的生效判决、裁定、决定等重新作出相应处理。

第五章 其他规定

第三十六条 【对预备党员违纪的处理】预备党员违犯党纪，情节较轻，可以保留预备党员资格的，党组织应当对其批评教育或者延长预备期；情节较重的，应当取消其预备党员资格。

第三十七条 【对违纪后下落不明党员的处理】对违纪后下落不明的党员，应当区别情况作出处理：

（一）对有严重违纪行为，应当给予开除党籍处分的，党组织应当作出决定，开除其党籍；

（二）除前项规定的情况外，下落不明时间超过六个月的，党组织应当按照党章规定对其予以除名。

第三十八条 【对受处分前死亡的违纪党员的处理】违纪党员在党组织作出处分决定前死亡，或者在死亡之后发现其曾有严重违纪行为，对于应当给予开除党籍处分的，开除其党籍；对于应当给予留党察看以下处分的，作出违犯党纪的书面结论和相应处理。

第三十九条 【违纪行为有关责任人员的区分】违纪行为有关责任人员的区分：

（一）直接责任者，是指在其职责范围内，不履行或者不正确履行自己的职责，对造成的损失或者后果起决定性作用的党员或者党员领导干部；

（二）主要领导责任者，是指在其职责范围内，对主管的工作不履行或者不正确履行职责，对造成的损失或者后果负直接领导责任的党员领导干部；

（三）重要领导责任者，是指在其职责范围内，对应管的工作或者参与决定的工作不履行或者不正确履行职责，对造成的损失或者后果负次要领导责任的党员领导干部。

本条例所称领导责任者，包括主要领导责任者和重要领导责任者。

第四十条　【主动交代的含义】本条例所称主动交代，是指涉嫌违纪的党员在组织谈话函询、初步核实前向有关组织交代自己的问题，或者在谈话函询、初步核实和立案审查期间交代组织未掌握的问题。

第四十一条　【对违纪党员干部职级、单独职务序列等级的调整】担任职级、单独职务序列等级的党员干部违犯党纪受到处分，需要对其职级、单独职务序列等级进行调整的，参照本条例关于党外职务的规定执行。

第四十二条　【经济损失的计算】计算经济损失应当计算立案时已经实际造成的全部财产损失，包括为挽回违纪行为所造成损失而支付的各种开支、费用。立案后至处理前持续发生的经济损失，应当一并计算在内。

第四十三条　【对违纪所获利益的处理】对于违纪行为所获得的经济利益，应当收缴或者责令退赔。对于主动上交的违纪所得和经济损失赔偿，应当予以接收，并按照规定收缴或者返还有关单位、个人。

对于违纪行为所获得的职务、职级、职称、学历、学位、奖励、资格等其他利益，应当由承办案件的纪检机关或者由其上级纪检机关建议有关组织、部门、单位按照规定予以纠正。

对于依照本条例第三十七条、第三十八条规定处理的党员，经调查确属其实施违纪行为获得的利益，依照本条规定处理。

第四十四条　【党纪处分决定的宣布与执行】党纪处分决定作出后，应当在一个月内向受处分党员所在党的基层组织中的全体党员及其本人宣布，是领导班子成员的还应当向所在党组织领导班子宣布，并按照干部管理权限和组织关系将处分决定材料归入受处分者档案；对于受到撤销党内职务以上处分的，还应当在一个月内办理职务、工资、工作及其他有关待遇等相应变更手续；涉及撤销或者调整其党外职务的，应当建议党外组织及时撤销或者调整其党外职务。特殊情况下，经作出或者批准作出处分决定的组织批准，可以适当延长办理期限。办理期限最长不得超过六个月。

第四十五条　【党纪处分决定执行情况报告与党员申诉】执行党纪处分决定的机关或者受处分党员所在单位，应当在六个月内将处分决定的执行情况向作出或者批准处分决定的机关报告。

党员对所受党纪处分不服的，可以依照党章及有关规定提出申诉。

第四十六条　【党纪处分影响期满后无需取消】党员因违犯党纪受到处分，影响期满后，党组织无需取消对其的处分。

第四十七条　【对"以上""以下"的说明】本条例所称以上、以下，除有特别标明外均含本级、本数。

第四十八条　【本条例总则与其他党内法规的关系】本条例总则适用于有党纪处分规定的其他党内法规，但是中共中央发布或者批准发布的其他党内法规有特别规定的除外。

第二编　分　　则

第六章　对违反政治纪律行为的处分

第四十九条　【对在重大原则问题上不同党中央保持一致行为的处分】在重大原则问题上不同党中央保持一致且有实际言论、行为或者造成不良后果的，给予警告或者严重警告处分；情节较重的，给予撤销党内职务或者留党察看处分；情节严重的，给予开除党籍处分。

第五十条 【对公开发表反党言论行为的处分】通过网络、广播、电视、报刊、传单、书籍等，或者利用讲座、论坛、报告会、座谈会等方式，公开发表坚持资产阶级自由化立场、反对四项基本原则，反对党的改革开放决策的文章、演说、宣言、声明等的，给予开除党籍处分。

发布、播出、刊登、出版前款所列文章、演说、宣言、声明等或者为上述行为提供方便条件的，对直接责任者和领导责任者，给予严重警告或者撤销党内职务处分；情节严重的，给予留党察看或者开除党籍处分。

第五十一条 【对公开发表歪曲言论、妄议大政方针、丑化党和国家形象等行为的处分】通过网络、广播、电视、报刊、传单、书籍等，或者利用讲座、论坛、报告会、座谈会等方式，有下列行为之一，情节较轻的，给予警告或者严重警告处分；情节较重的，给予撤销党内职务或者留党察看处分；情节严重的，给予开除党籍处分：

（一）公开发表违背四项基本原则，违背、歪曲党的改革开放决策，或者其他有严重政治问题的文章、演说、宣言、声明等；

（二）妄议党中央大政方针，破坏党的集中统一；

（三）丑化党和国家形象，或者诋毁、诬蔑党和国家领导人、英雄模范，或者歪曲党的历史、中华人民共和国历史、人民军队历史。

发布、播出、刊登、出版前款所列内容或者为上述行为提供方便条件的，对直接责任者和领导责任者，给予严重警告或者撤销党内职务处分；情节严重的，给予留党察看或者开除党籍处分。

第五十二条 【对制作、贩卖、传播反党读物和视听资料，私自携带、寄递以上物品入出境，私自阅看、浏览、收听以上物品行为的处分】制作、贩卖、传播第五十条、第五十一条所列内容之一的报刊、书籍、音像制品、电子读物，以及网络文本、图片、音频、视频资料等，情节较轻的，给予警告或者严重警告处分；情节较重的，给予撤销党内职务或者留党察看处分；情节严重的，给予开除党籍处分。

私自携带、寄递第五十条、第五十一条所列内容之一的报刊、书籍、音像制品、电子读物等入出境，情节较重的，给予警告或者严重警告处分；情节严重的，给予撤销党内职务、留党察看或者开除党籍处分。

私自阅看、浏览、收听第五十条、第五十一条所列内容之一的报刊、书籍、音像制品、电子读物,以及网络文本、图片、音频、视频资料等,情节严重的,给予警告、严重警告或者撤销党内职务处分。

第五十三条 【对组织、参加秘密集团或其他分裂党的活动行为的处分】在党内组织秘密集团或者组织其他分裂党的活动的,给予开除党籍处分。

参加秘密集团或者参加其他分裂党的活动的,给予留党察看或者开除党籍处分。

第五十四条 【对搞非组织活动、捞取政治资本行为,导致政治生态恶化行为的处分】在党内搞团团伙伙、结党营私、拉帮结派、政治攀附、培植个人势力等非组织活动,或者通过搞利益交换、为自己营造声势等活动捞取政治资本的,给予严重警告或者撤销党内职务处分;导致本地区、本部门、本单位政治生态恶化的,给予留党察看或者开除党籍处分。

第五十五条 【对搞投机钻营、结交政治骗子或被政治骗子利用、充当政治骗子行为的处分】搞投机钻营,结交政治骗子或者被政治骗子利用的,给予严重警告或者撤销党内职务处分;情节严重的,给予留党察看或者开除党籍处分。

充当政治骗子的，给予撤销党内职务、留党察看或者开除党籍处分。

第五十六条 【对搞山头主义、对抗党和国家政策、搞部门或地方保护主义行为的处分】党员领导干部在本人主政的地方或者分管的部门自行其是，搞山头主义，拒不执行党中央确定的大政方针，甚至背着党中央另搞一套的，给予撤销党内职务、留党察看或者开除党籍处分。

贯彻党中央决策部署只表态不落实，或者落实党中央决策部署不坚决、打折扣、搞变通，在政治上造成不良影响或者严重后果的，给予警告或者严重警告处分；情节严重的，给予撤销党内职务、留党察看或者开除党籍处分。

不顾党和国家大局，搞部门或者地方保护主义的，依照前款规定处理。

第五十七条 【对违背新发展理念、背离高质量发展要求行为的处分】党员领导干部政绩观错位，违背新发展理念、背离高质量发展要求，给党、国家和人民利益造成较大损失的，给予警告或者严重警告处分；情节较重的，给予撤销党内职务或者留党察看处分；情节严重的，给予开除党籍处分。

搞劳民伤财的"形象工程"、"政绩工程"的，从重或者加重处分。

第五十八条 【对党不忠诚不老实、做两面人等行为的处分】对党不忠诚不老实，表里不一，阳奉阴违，欺上瞒下，搞两面派，做两面人，在政治上造成不良影响的，给予警告或者严重警告处分；情节较重的，给予撤销党内职务或者留党察看处分；情节严重的，给予开除党籍处分。

第五十九条 【对制造、散布、传播政治谣言行为的处分】制造、散布、传播政治谣言，破坏党的团结统一的，给予警告或者严重警告处分；情节较重的，给予撤销党内职务或者留党察看处分；情节严重的，给予开除党籍处分。

政治品行恶劣，匿名诬告，有意陷害或者制造其他谣言，造成损害或者不良影响的，依照前款规定处理。

第六十条 【对擅自对重大政策问题作出决定、对外发表主张行为的处分】擅自对应当由党中央决定的重大政策问题作出决定、对外发表主张的，对直接责任者和领导责任者，给予严重警告或者撤销党内职务处分；情节严重的，给予留党察看或者开除党籍处分。

第六十一条 【对不按规定请示、报告行为的处分】

不按照有关规定向组织请示、报告重大事项，对直接责任者和领导责任者，情节较重的，给予警告或者严重警告处分；情节严重的，给予撤销党内职务或者留党察看处分。

第六十二条　**【对干扰巡视巡察工作或不落实巡视巡察整改要求行为的处分】**干扰巡视巡察工作或者不落实巡视巡察整改要求，对直接责任者和领导责任者，情节较轻的，给予警告或者严重警告处分；情节较重的，给予撤销党内职务或者留党察看处分；情节严重的，给予开除党籍处分。

第六十三条　**【对对抗组织审查行为的处分】**对抗组织审查，有下列行为之一的，给予警告或者严重警告处分；情节较重的，给予撤销党内职务或者留党察看处分；情节严重的，给予开除党籍处分：

（一）串供或者伪造、销毁、转移、隐匿证据；

（二）阻止他人揭发检举、提供证据材料；

（三）包庇同案人员；

（四）向组织提供虚假情况，掩盖事实；

（五）其他对抗组织审查行为。

第六十四条　**【对组织、参加反党活动行为的处分】**组织、参加反对党的基本理论、基本路线、基本方略或者重大方针政策的集会、游行、示威等活动的,或者以组织讲座、论坛、报告会、座谈会等方式,反对党的基本理论、基本路线、基本方略或者重大方针政策,造成严重不良影响的,对策划者、组织者和骨干分子,给予开除党籍处分。

对其他参加人员或者以提供信息、资料、财物、场地等方式支持上述活动者,情节较轻的,给予警告或者严重警告处分;情节较重的,给予撤销党内职务或者留党察看处分;情节严重的,给予开除党籍处分。

对不明真相被裹挟参加,经批评教育后确有悔改表现的,可以免予处分或者不予处分。

未经组织批准参加其他集会、游行、示威等活动,情节较轻的,给予警告或者严重警告处分;情节较重的,给予撤销党内职务或者留党察看处分;情节严重的,给予开除党籍处分。

第六十五条 【对组织、参加反党组织行为的处分】 组织、参加旨在反对党的领导、反对社会主义制度或者敌视政府等组织的,对策划者、组织者和骨干分子,给予开除党籍处分。

对其他参加人员,情节较轻的,给予警告或者严重警告处分；情节较重的，给予撤销党内职务或者留党察看处分；情节严重的，给予开除党籍处分。

第六十六条 【对组织、参加邪教组织行为的处分】组织、参加会道门或者邪教组织的，对策划者、组织者和骨干分子，给予开除党籍处分。

对其他参加人员，情节较轻的，给予警告或者严重警告处分；情节较重的，给予撤销党内职务或者留党察看处分；情节严重的，给予开除党籍处分。

对不明真相的参加人员，经批评教育后确有悔改表现的，可以免予处分或者不予处分。

第六十七条 【对挑拨、破坏民族关系或参加民族分裂活动行为的处分】从事、参与挑拨破坏民族关系制造事端或者参加民族分裂活动的，对策划者、组织者和骨干分子，给予开除党籍处分。

对其他参加人员，情节较轻的，给予警告或者严重警告处分；情节较重的，给予撤销党内职务或者留党察看处分；情节严重的，给予开除党籍处分。

对不明真相被裹挟参加，经批评教育后确有悔改表现的，可以免予处分或者不予处分。

有其他违反党和国家民族政策的行为，情节较轻的，给予警告或者严重警告处分；情节较重的，给予撤销党内职务或者留党察看处分；情节严重的，给予开除党籍处分。

第六十八条 【对组织、利用宗教活动反党行为的处分】组织、利用宗教活动反对党的理论、路线、方针、政策和决议，破坏民族团结的，对策划者、组织者和骨干分子，给予开除党籍处分。

对其他参加人员，给予撤销党内职务或者留党察看处分；情节严重的，给予开除党籍处分。

对不明真相被裹挟参加，经批评教育后确有悔改表现的，可以免予处分或者不予处分。

有其他违反党和国家宗教政策的行为，情节较轻的，给予警告或者严重警告处分；情节较重的，给予撤销党内职务或者留党察看处分；情节严重的，给予开除党籍处分。

第六十九条 【对信仰宗教党员的教育及处分】对信仰宗教的党员，应当加强思想教育，要求其限期改正；经党组织帮助教育仍没有转变的，应当劝其退党；劝而不退的，予以除名；参与利用宗教搞煽动活动的，给予开除党籍处分。

第七十条 【对组织、参加迷信活动行为的处分】组织迷信活动的，给予撤销党内职务或者留党察看处分；情节严重的，给予开除党籍处分。

参加迷信活动或者个人搞迷信活动，造成不良影响的，给予警告或者严重警告处分；情节较重的，给予撤销党内职务或者留党察看处分；情节严重的，给予开除党籍处分。

对不明真相的参加人员，经批评教育后确有悔改表现的，可以免予处分或者不予处分。

第七十一条 **【对组织、利用宗教势力对抗党和政府行为的处分】**组织、利用宗族势力对抗党和政府，妨碍党和国家的方针政策以及决策部署的实施，或者破坏党的基层组织建设的，对策划者、组织者和骨干分子，给予开除党籍处分。

对其他参加人员，给予撤销党内职务或者留党察看处分；情节严重的，给予开除党籍处分。

对不明真相被裹挟参加，经批评教育后确有悔改表现的，可以免予处分或者不予处分。

第七十二条 **【对在国（境）外叛逃或公开发表反对党和政府言论行为的处分】**在国（境）外、外国驻华使（领）馆申请政治避难，或者违纪后逃往国（境）外、外国驻华使（领）馆的，给予开除党籍处分。

在国（境）外公开发表反对党和政府的文章、演说、宣言、声明等的，依照前款规定处理。

故意为上述行为提供方便条件的，给予留党察看或者开除党籍处分。

第七十三条 【对在涉外活动中损害党和国家尊严、利益行为的处分】在涉外活动中，其言行在政治上造成恶劣影响，损害党和国家尊严、利益的，给予撤销党内职务或者留党察看处分；情节严重的，给予开除党籍处分。

第七十四条 【对不履行全面从严治党责任或履行不力行为的处分】不履行全面从严治党主体责任、监督责任或者履行全面从严治党主体责任、监督责任不力，给党组织造成严重损害或者严重不良影响的，对直接责任者和领导责任者，给予警告或者严重警告处分；情节严重的，给予撤销党内职务或者留党察看处分。

第七十五条 【对党员领导干部搞无原则一团和气行为的处分】党员领导干部对违反政治纪律和政治规矩等错误思想和行为不报告、不抵制、不斗争，放任不管，搞无原则一团和气，造成不良影响的，给予警告或者严重警告处分；情节严重的，给予撤销党内职务或者留党察看处分。

第七十六条 【对违反党的优良传统和工作惯例等行为的处分】违反党的优良传统和工作惯例等党的规矩，在政治上造成不良影响或者严重后果的，给予警告或者严重警告处分；情节较重的，给予撤销党内职务或者留党察看处分；情节严重的，给予开除党籍处分。

第七章 对违反组织纪律行为的处分

第七十七条 【对违反民主集中制原则行为的处分】违反民主集中制原则，有下列行为之一的，给予警告或者严重警告处分；情节严重的，给予撤销党内职务或者留党察看处分：

（一）拒不执行或者擅自改变党组织作出的重大决定；

（二）违反议事规则，个人或者少数人决定重大问题；

（三）故意规避集体决策，决定重大事项、重要干部任免、重要项目安排和大额资金使用；

（四）借集体决策名义集体违规。

第七十八条 【对下级党组织拒不执行或擅自改变上级决定行为的处分】下级党组织拒不执行或者擅自改变上级党组织决定的，对直接责任者和领导责任者，给予警告或者严重警告处分；情节严重的，给予撤销党内职务或者留党察看处分。

第七十九条 【对拒不执行党组织人事安排决定行为的处分】拒不执行党组织的分配、调动、交流等决定的，给予警告、严重警告或者撤销党内职务处分。

在特殊时期或者紧急状况下，拒不执行党组织上述决定的，给予留党察看或者开除党籍处分。

第八十条 【对拒绝作证或故意提供虚假情况行为的处分】在党组织纪律审查中，依法依规负有作证义务的党员拒绝作证或者故意提供虚假情况，情节较重的，给予警告或者严重警告处分；情节严重的，给予撤销党内职务、留党察看或者开除党籍处分。

第八十一条 【对隐瞒不报、不如实报告、弄虚作假和隐瞒入党前严重错误行为的处分】有下列行为之一，情节较重的，给予警告或者严重警告处分：

（一）违反个人有关事项报告规定，隐瞒不报；

（二）在组织进行谈话函询时，不如实向组织说明问题；

（三）不按要求报告或者不如实报告个人去向；

（四）不如实填报个人档案资料。

有前款第二项规定的行为,同时向组织提供虚假情况、掩盖事实的,依照本条例第六十三条规定处理。

篡改、伪造个人档案资料的,给予严重警告处分;情节严重的,给予撤销党内职务或者留党察看处分。

隐瞒入党前严重错误的,一般应当予以除名;对入党多年且一贯表现好,或者在工作中作出突出贡献的,给予严重警告、撤销党内职务或者留党察看处分。

第八十二条 【对违规组织、参加自发成立的老乡会、校友会、战友会等行为的处分】党员领导干部违反有关规定组织、参加自发成立的老乡会、校友会、战友会等,情节严重的,给予警告、严重警告或者撤销党内职务处分。

第八十三条 【对破坏选举行为的处分】有下列行为之一的,给予警告或者严重警告处分;情节较重的,给予撤销党内职务或者留党察看处分;情节严重的,给予开除党籍处分:

(一)在民主推荐、民主测评、组织考察和党内选举中搞拉票、助选等非组织活动;

(二)在法律规定的投票、选举活动中违背组织原则搞非组织活动,组织、怂恿、诱使他人投票、表决;

（三）在选举中进行其他违反党章、其他党内法规和有关章程活动。

搞有组织的拉票贿选，或者用公款拉票贿选的，从重或者加重处分。

第八十四条　【对违反干部选拔任用规定行为的处分】在干部选拔任用工作中，有任人唯亲、排斥异己、封官许愿、说情干预、跑官要官、突击提拔或者调整干部等违反干部选拔任用规定行为，对直接责任者和领导责任者，情节较轻的，给予警告或者严重警告处分；情节较重的，给予撤销党内职务或者留党察看处分；情节严重的，给予开除党籍处分。

用人失察失误造成严重后果的，对直接责任者和领导责任者，依照前款规定处理。

第八十五条　【对违反推进领导干部能上能下规定行为的处分】在推进领导干部能上能下工作中，搞好人主义，有下列行为之一，对直接责任者和领导责任者，情节较重的，给予警告或者严重警告处分；情节严重的，给予撤销党内职务或者留党察看处分：

（一）以党纪政务等处分规避组织调整；

（二）以组织调整代替党纪政务等处分；

（三）其他避重就轻作出处理行为。

第八十六条　【对借人事工作谋利或靠弄虚作假骗取职务、荣誉等利益行为的处分】 在干部、职工的录用、考核、职务职级晋升、职称评聘、荣誉表彰，授予学术称号和征兵、安置退役军人等工作中，隐瞒、歪曲事实真相，或者利用职权或者职务上的影响违反有关规定为本人或者其他人谋取利益的，给予警告或者严重警告处分；情节较重的，给予撤销党内职务或者留党察看处分；情节严重的，给予开除党籍处分。

弄虚作假，骗取职务、职级、职称、待遇、资格、学历、学位、荣誉、称号或者其他利益的，依照前款规定处理。

第八十七条　【对侵害党员表决权、选举权和被选举权行为的处分】 侵犯党员的表决权、选举权和被选举权，情节较重的，给予警告或者严重警告处分；情节严重的，给予撤销党内职务处分。

以强迫、威胁、欺骗、拉拢等手段，妨害党员自主行使表决权、选举权和被选举权的，给予撤销党内职务、留党察看或者开除党籍处分。

**第八十八条　【对侵害党员批评、检举、控告、申辩、辩护、作证、申诉等权利行为的处分】有下列行为之一的，对直接责任者和领导责任者，给予警告或者严重警告处分；情节较重的，给予撤销党内职务或者留党察看处分；情节严重的，给予开除党籍处分：

（一）对批评、检举、控告进行阻挠、压制，或者将批评、检举、控告材料私自扣压、销毁，或者故意将其泄露给他人；

（二）对党员的申辩、辩护、作证等进行压制，造成不良后果；

（三）压制党员申诉，造成不良后果，或者不按照有关规定处理党员申诉；

（四）其他侵犯党员权利行为，造成不良后果。

对批评人、检举人、控告人、证人及其他人员打击报复的，从重或者加重处分。

第八十九条 【对违规发展党员行为的处分】违反党章和其他党内法规的规定，采取弄虚作假或者其他手段把不符合党员条件的人发展为党员，或者为非党员出具党员身份证明的，对直接责任者和领导责任者，给予警告或者严重警告处分；情节严重的，给予撤销党内职务处分。

违反有关规定程序发展党员的,对直接责任者和领导责任者,依照前款规定处理。

第九十条 【对违规获取外国身份行为的处分】违反有关规定取得外国国籍或者获取国(境)外永久居留资格、长期居留许可的,给予撤销党内职务、留党察看或者开除党籍处分。

第九十一条 【对违规办理因私出国(境)证件或未经批准、超出批准范围出入国(边)境行为的处分】违反有关规定办理因私出国(境)证件、前往港澳通行证,或者未经批准出入国(边)境,情节较轻的,给予警告或者严重警告处分;情节较重的,给予撤销党内职务或者留党察看处分;情节严重的,给予开除党籍处分。

虽经批准因私出国(境)但存在擅自变更路线、无正当理由超期未归等超出批准范围出国(境)行为,情节较重的,给予警告或者严重警告处分;情节严重的,给予撤销党内职务处分。

第九十二条 【对在国(境)外擅自脱离组织或违规与外交往行为的处分】驻外机构或者临时出国(境)团(组)中的党员擅自脱离组织,或者从事外事、机要、军事等工作的党员违反有关规定同国(境)外机构、人员联系和交往的，给予警告、严重警告或者撤销党内职务处分。

第九十三条 【对脱离或协助他人脱离组织行为的处分】驻外机构或者临时出国（境）团（组）中的党员，脱离组织出走时间不满六个月又自动回归的，给予撤销党内职务或者留党察看处分；脱离组织出走时间超过六个月的，按照自行脱党处理，党内予以除名。

故意为他人脱离组织出走提供方便条件的，给予警告、严重警告或者撤销党内职务处分。

第八章 对违反廉洁纪律行为的处分

第九十四条 【对利用职权为他人谋利及亲属等相关人员借影响力收受财物行为的处分】党员干部必须正确行使人民赋予的权力，清正廉洁，反对特权思想和特权现象，反对任何滥用职权、谋求私利的行为。

利用职权或者职务上的影响为他人谋取利益，本人的配偶、子女及其配偶等亲属和其他特定关系人收受对方财物，情节较重的，给予警告或者严重警告处分；情节严重的，给予撤销党内职务、留党察看或者开除党籍处分。

第九十五条 【对权权交易行为的处分】相互利用

职权或者职务上的影响为对方及其配偶、子女及其配偶等亲属、身边工作人员和其他特定关系人谋取利益搞权权交易的，给予警告或者严重警告处分；情节较重的，给予撤销党内职务或者留党察看处分；情节严重的，给予开除党籍处分。

第九十六条　【对纵容、默许亲属、身边工作人员和其他特定关系人利用本人职权谋利行为的处分】纵容、默许配偶、子女及其配偶等亲属、身边工作人员和其他特定关系人利用党员干部本人职权或者职务上的影响谋取私利，情节较轻的，给予警告或者严重警告处分；情节较重的，给予撤销党内职务或者留党察看处分；情节严重的，给予开除党籍处分。

党员干部的配偶、子女及其配偶等亲属和其他特定关系人不实际工作而获取薪酬或者虽实际工作但领取明显超出同职级标准薪酬，党员干部知情未予纠正的，依照前款规定处理。

第九十七条　【对违规收受财物行为的处分】收受可能影响公正执行公务的礼品、礼金、消费卡（券）和有价证券、股权、其他金融产品等财物，情节较轻的，给予警告或者严重警告处分；情节较重的，给予撤销党内职务或者留党察看处分；情节严重的，给予开除党籍处分。

收受其他明显超出正常礼尚往来的财物的，依照前款规定处理。

第九十八条 【对违规赠送财物或变相送礼行为的处分】向从事公务的人员及其配偶、子女及其配偶等亲属和其他特定关系人赠送明显超出正常礼尚往来的礼品、礼金、消费卡（券）和有价证券、股权、其他金融产品等财物，情节较重的，给予警告或者严重警告处分；情节严重的，给予撤销党内职务或者留党察看处分。

以讲课费、课题费、咨询费等名义变相送礼的，依照前款规定处理。

第九十九条 【对可能影响公正执行公务行为的处分】借用管理和服务对象的钱款、住房、车辆等，可能影响公正执行公务，情节较重的，给予警告或者严重警告处分；情节严重的，给予撤销党内职务、留党察看或者开除党籍处分。

通过民间借贷等金融活动获取大额回报，可能影响公正执行公务的，依照前款规定处理。

第一百条 【对利用职权或职务上的影响操办婚丧喜庆事宜行为的处分】利用职权或者职务上的影响操办婚丧

喜庆事宜，造成不良影响的，给予警告或者严重警告处分；情节严重的，给予撤销党内职务处分；借机敛财或者有其他侵犯国家、集体和人民利益行为的，从重或者加重处分，直至开除党籍。

第一百零一条 【对违规接受、提供宴请或旅游、健身、娱乐等活动安排行为的处分】接受、提供可能影响公正执行公务的宴请或者旅游、健身、娱乐等活动安排，情节较重的，给予警告或者严重警告处分；情节严重的，给予撤销党内职务或者留党察看处分。

第一百零二条 【对违规取得、持有、实际使用消费卡（券）或出入私人会所行为的处分】违反有关规定取得、持有、实际使用运动健身卡、会所和俱乐部会员卡、高尔夫球卡等各种消费卡（券），或者违反有关规定出入私人会所，情节较重的，给予警告或者严重警告处分；情节严重的，给予撤销党内职务或者留党察看处分。

第一百零三条 【对违规从事营利活动、利用职权非正常获利及违规兼职行为的处分】违反有关规定从事营利活动，有下列行为之一，情节较轻的，给予警告或者严重警告处分；情节较重的，给予撤销党内职务或者留党察看处分；情节严重的，给予开除党籍处分：

（一）经商办企业；

（二）拥有非上市公司（企业）的股份或者证券；

（三）买卖股票或者进行其他证券投资；

（四）从事有偿中介活动；

（五）在国（境）外注册公司或者投资入股；

（六）其他违反有关规定从事营利活动的行为。

利用参与企业重组改制、定向增发、兼并投资、土地使用权出让等工作中掌握的信息买卖股票，利用职权或者职务上的影响通过购买信托产品、基金等方式非正常获利的，依照前款规定处理。

违反有关规定在经济组织、社会组织等单位中兼职，或者经批准兼职但获取薪酬、奖金、津贴等额外利益的，依照第一款规定处理。

第一百零四条 【对违规为亲属和特定关系人谋利的处分】利用职权或者职务上的影响，为配偶、子女及其配偶等亲属和其他特定关系人在审批监管、资源开发、金融信贷、大宗采购、土地使用权出让、房地产开发、工程招投标以及公共财政收支等方面谋取利益，情节较轻的，给予警告或者严重警告处分；情节较重的，给予撤销党内职务或者留党察看处分；情节严重的，给予开除党籍处分。

利用职权或者职务上的影响,为配偶、子女及其配偶等亲属和其他特定关系人吸收存款、推销金融产品、经营名贵特产类特殊资源等提供帮助谋取利益的,依照前款规定处理。

第一百零五条 【对离退休干部违规任职或从事营利活动行为的处分】离职或者退（离）休后违反有关规定接受原任职务管辖的地区和业务范围内或者与原工作业务直接相关的企业和中介机构等单位的聘用,或者个人从事与原任职务管辖业务或者与原工作业务直接相关的营利活动,情节较轻的,给予警告或者严重警告处分；情节较重的,给予撤销党内职务处分；情节严重的,给予留党察看处分。

党员领导干部离职或者退（离）休后违反有关规定担任上市公司、基金管理公司独立董事、独立监事等职务,情节较轻的,给予警告或者严重警告处分；情节较重的,给予撤销党内职务处分；情节严重的,给予留党察看处分。

第一百零六条 【对离退休干部利用原职权为亲属和其他特定关系人谋利及亲属等相关人员借影响力收受财物

行为的处分】离职或者退（离）休后利用原职权或者职务上的影响，为配偶、子女及其配偶等亲属和其他特定关系人从事经营活动谋取利益，情节较轻的，给予警告或者严重警告处分；情节较重的，给予撤销党内职务或者留党察看处分；情节严重的，给予开除党籍处分。

离职或者退（离）休后利用原职权或者职务上的影响为他人谋取利益，本人的配偶、子女及其配偶等亲属和其他特定关系人收受对方财物，情节较重的，给予警告或者严重警告处分；情节严重的，给予撤销党内职务、留党察看或者开除党籍处分。

第一百零七条 【对党员领导干部的配偶、子女及其配偶违规经营或任职行为的处分】党员领导干部的配偶、子女及其配偶，违反有关规定在该党员领导干部管辖的地区和业务范围内从事可能影响其公正执行公务的经营活动，或者有其他违反经商办企业禁业规定行为的，该党员领导干部应当按照规定予以纠正；拒不纠正的，其本人应当辞去现任职务或者由组织予以调整职务；不辞去现任职务或者不服从组织调整职务的，给予撤销党内职务处分。

第一百零八条 【对党和国家机关违规经商办企业行

为的处分】党和国家机关违反有关规定经商办企业的，对直接责任者和领导责任者，给予警告或者严重警告处分；情节严重的，给予撤销党内职务处分。

第一百零九条 【对党员领导干部违规为本人、亲属、身边工作人员和其他特定关系人谋求特殊待遇行为的处分】党员领导干部违反工作、生活保障制度，在交通、医疗、警卫等方面为本人、配偶、子女及其配偶等亲属、身边工作人员和其他特定关系人谋求特殊待遇，情节较重的，给予警告或者严重警告处分；情节严重的，给予撤销党内职务或者留党察看处分。

第一百一十条 【对在分配、购买住房中侵犯国家、集体利益行为的处分】在分配、购买住房中侵犯国家、集体利益，情节较轻的，给予警告或者严重警告处分；情节较重的，给予撤销党内职务或者留党察看处分；情节严重的，给予开除党籍处分。

第一百一十一条 【对侵占公私财物、违规报销行为的处分】利用职权或者职务上的影响，侵占非本人经管的公私财物，或者以象征性地支付钱款等方式侵占公私财物，或者无偿、象征性地支付报酬接受服务、使用劳务，情节较轻的，给予警告或者严重警告处分；情节较重的，给予撤销党内职务或者留党察看处分；情节严重的，给予开除党籍处分。

利用职权或者职务上的影响，将应当由本人、配偶、子女及其配偶等亲属、身边工作人员和其他特定关系人个人支付的费用，由下属单位、其他单位或者他人支付、报销的，依照前款规定处理。

第一百一十二条 【对违规占用公物归个人使用、进行营利活动行为的处分】利用职权或者职务上的影响，违反有关规定占用公物归个人使用，时间超过六个月，情节较重的，给予警告或者严重警告处分；情节严重的，给予撤销党内职务处分。

占用公物进行营利活动的，给予警告或者严重警告处分；情节较重的，给予撤销党内职务或者留党察看处分；情节严重的，给予开除党籍处分。

将公物借给他人进行营利活动的，依照前款规定处理。

第一百一十三条 【对组织、参加公款宴请、娱乐、健身活动，用公款购买赠送或者发放礼品、消费卡（券）等行为的处分】违反有关规定组织、参加用公款支付的宴请、娱乐、健身活动，或者用公款购买赠送或者发放礼品、消费卡（券）等，对直接责任者和领导责任者，情节较轻的，给予警告或者严重警告处分；情节较重的，给予撤销党内职务或者留党察看处分；情节严重的，给予开除党籍处分。

第一百一十四条　【对违规发放薪酬、津补贴、奖金、福利等行为的处分】违反有关规定自定薪酬或者滥发津贴、补贴、奖金、福利等，对直接责任者和领导责任者，情节较轻的，给予警告或者严重警告处分；情节较重的，给予撤销党内职务或者留党察看处分；情节严重的，给予开除党籍处分。

第一百一十五条　【对公款旅游等行为的处分】有下列行为之一，对直接责任者和领导责任者，情节较轻的，给予警告或者严重警告处分；情节较重的，给予撤销党内职务或者留党察看处分；情节严重的，给予开除党籍处分：

（一）公款旅游或者以学习培训、考察调研、职工疗养等为名变相公款旅游；

（二）改变公务行程，借机旅游；

（三）参加所管理企业、下属单位组织的考察活动，借机旅游。

以考察、学习、培训、研讨、招商、参展等名义变相用公款出国（境）旅游的，对直接责任者和领导责任者，依照前款规定处理。

第一百一十六条　【对违规接待或者借机大吃大喝行为的处分】违反接待管理规定，超标准、超范围接待或者借机大吃大喝，对直接责任者和领导责任者，情节较重的，给予警告或者严重警告处分；情节严重的，给予撤销党内职务处分。

第一百一十七条　【对违规配备、购买、更换、装饰、使用公车等行为的处分】违反有关规定配备、购买、更换、装饰、使用公务交通工具或者有其他违反公务交通工具管理规定的行为，对直接责任者和领导责任者，情节较重的，给予警告或者严重警告处分；情节严重的，给予撤销党内职务或者留党察看处分。

第一百一十八条　【对违反会议活动管理规定行为的处分】违反会议活动管理规定，有下列行为之一，对直接责任者和领导责任者，情节较重的，给予警告或者严重警告处分；情节严重的，给予撤销党内职务处分：

（一）到禁止召开会议的风景名胜区开会；

（二）决定或者批准举办各类节会、庆典活动；

(三)其他违反会议活动管理规定行为。

擅自举办评比达标表彰、创建示范活动或者借评比达标表彰、创建示范活动收取费用的，对直接责任者和领导责任者，依照前款规定处理。

第一百一十九条　【对违反办公用房管理规定行为的处分】 违反办公用房管理等规定，有下列行为之一，对直接责任者和领导责任者，情节较重的，给予警告或者严重警告处分；情节严重的，给予撤销党内职务处分：

(一)决定或者批准兴建、装修办公楼、培训中心等楼堂馆所；

(二)超标准配备、使用办公用房；

(三)未经批准租用、借用办公用房；

(四)用公款包租、占用客房或者其他场所供个人使用；

(五)其他违反办公用房管理等规定行为。

第一百二十条　【对搞权色交易、钱色交易行为的处分】 搞权色交易或者给予财物搞钱色交易的，给予警告或者严重警告处分；情节较重的，给予撤销党内职务或者留党察看处分；情节严重的，给予开除党籍处分。

**第一百二十一条　【对其他违反廉洁纪律规定行为的

处分】有其他违反廉洁纪律规定行为的,应当视具体情节给予警告直至开除党籍处分。

第九章　对违反群众纪律行为的处分

第一百二十二条　【对侵害群众利益行为的处分】有下列行为之一,对直接责任者和领导责任者,情节较轻的,给予警告或者严重警告处分;情节较重的,给予撤销党内职务或者留党察看处分;情节严重的,给予开除党籍处分:

（一）超标准、超范围向群众筹资筹劳、摊派费用,加重群众负担;

（二）违反有关规定扣留、收缴群众款物或者处罚群众;

（三）克扣群众财物,或者违反有关规定拖欠群众钱款;

（四）在管理、服务活动中违反有关规定收取费用;

（五）在办理涉及群众事务时刁难群众、吃拿卡要;

（六）其他侵害群众利益行为。

在乡村振兴领域有上述行为的,从重或者加重处分。

第一百二十三条　【对干涉生产经营自主权,致使群众财产遭受较大损失行为的处分】**干涉生产经营自主权,致使群众财产遭受较大损失的,对直接责任者和领导责任者,给予警告或者严重警告处分;情节严重的,给予撤销党内职务或者留党察看处分。

第一百二十四条 **【对在社会保障、救助、扶持及救灾事项中优亲厚友行为的处分】**在社会保障、社会救助、政策扶持、救灾救济款物分配等事项中优亲厚友、明显有失公平的,给予警告或者严重警告处分;情节较重的,给予撤销党内职务或者留党察看处分;情节严重的,给予开除党籍处分。

第一百二十五条 **【对涉及黑恶势力行为的处分】**利用宗族或者黑恶势力等欺压群众,或者纵容涉黑涉恶活动、为黑恶势力充当"保护伞"的,给予撤销党内职务或者留党察看处分;情节严重的,给予开除党籍处分。

第一百二十六条 **【对损害群众利益行为的处分】**有下列行为之一,对直接责任者和领导责任者,情节较重的,给予警告或者严重警告处分;情节严重的,给予撤销党内职务或者留党察看处分:

(一)对涉及群众生产、生活等切身利益的问题依照政策或者有关规定能解决而不及时解决,庸懒无为、效率低下，造成不良影响；

（二）对符合政策的群众诉求消极应付、推诿扯皮，损害党群、干群关系；

（三）对待群众态度恶劣、简单粗暴，造成不良影响；

（四）弄虚作假，欺上瞒下，损害群众利益；

（五）其他不作为、乱作为、慢作为、假作为等损害群众利益行为。

第一百二十七条 【对国家财产和群众生命财产见危不救行为的处分】遇到国家财产和群众生命财产受到严重威胁时，能救而不救，情节较重的，给予警告、严重警告或者撤销党内职务处分；情节严重的，给予留党察看或者开除党籍处分。

第一百二十八条 【对侵犯群众知情权行为的处分】不按照规定公开党务、政务、厂务、村（居）务等，侵犯群众知情权，对直接责任者和领导责任者，情节较重的，给予警告或者严重警告处分；情节严重的，给予撤销党内职务或者留党察看处分。

第一百二十九条 【对其他违反群众纪律规定行为的处分】有其他违反群众纪律规定行为的，应当视具体情节给予警告直至开除党籍处分。

第十章　对违反工作纪律行为的处分

第一百三十条　【对工作中不负责任或疏于管理，贯彻上级决策部署不力行为的处分】工作中不负责任或者疏于管理，贯彻执行、检查督促落实上级决策部署不力，给党、国家和人民利益以及公共财产造成较大损失的，对直接责任者和领导责任者，给予警告或者严重警告处分；造成重大损失的，给予撤销党内职务、留党察看或者开除党籍处分。

党员领导干部对于到任前已经存在且属于其职责范围内的问题，消极回避、推卸责任，造成严重损害或者严重不良影响的，依照前款规定处理。

第一百三十一条　【对工作中不敢斗争、不愿担当、临阵退缩行为的处分】工作中不敢斗争、不愿担当，面对重大矛盾冲突、危机困难临阵退缩，造成不良影响或者严重后果的，给予警告或者严重警告处分；情节严重的，给予撤销党内职务、留党察看或者开除党籍处分。

第一百三十二条　【对工作中形式主义、官僚主义行为的处分】有下列行为之一，造成严重损害或者严重不良影响的，对直接责任者和领导责任者，给予警告或者严重警告处分；情节较重的，给予撤销党内职务或者留党察看处分；情节严重的，给予开除党籍处分：

（一）热衷于搞舆论造势、浮在表面；

（二）单纯以会议贯彻会议、以文件落实文件，在实际工作中不见诸行动；

（三）脱离实际，不作深入调查研究，搞随意决策、机械执行；

（四）违反精文减会有关规定搞文山会海；

（五）在督查检查考核等工作中搞层层加码、过度留痕，增加基层工作负担；

（六）工作中其他形式主义、官僚主义行为。

第一百三十三条 【对餐饮浪费行为的处分】在公务活动用餐、单位食堂用餐管理工作中不履行或者不正确履行宣传教育、监督管理职责，导致餐饮浪费，造成严重不良影响的，对直接责任者和领导责任者，给予警告或者严重警告处分；情节严重的，给予撤销党内职务处分。

第一百三十四条 【对机构编制工作违规行为的处分】在机构编制工作中，有下列行为之一，造成不良影响或者严重后果的，对直接责任者和领导责任者，给予警告或者严重警告处分；情节较重的，给予撤销党内职务或者留党察看处分；情节严重的，给予开除党籍处分：

（一）擅自超出"三定"规定范围调整职责、设置机构、核定领导职数和配备人员；

（二）违规干预地方机构设置；

（三）其他违反机构编制管理规定行为。

第一百三十五条　【对信访工作违规行为的处分】 在信访工作中，有下列行为之一，造成不良影响或者严重后果的，对直接责任者和领导责任者，给予警告或者严重警告处分；情节较重的，给予撤销党内职务或者留党察看处分；情节严重的，给予开除党籍处分：

（一）不按照规定受理、办理信访事项；

（二）对规模性集体访等处置不力，导致事态扩大；

（三）对党委和政府信访部门提出的改进工作、完善政策等建议重视不够、落实不力，导致问题长期得不到解决；

（四）其他不履行或者不正确履行信访工作职责行为。

不履行或者不正确履行职责，导致信访事项发生，造成不良影响或者严重后果的，对直接责任者和领导责任者，依照前款规定处理。

第一百三十六条　【对党组织违规处理党员违法、违

纪情况等行为的处分】党组织有下列行为之一，对直接责任者和领导责任者，情节较重的，给予警告或者严重警告处分；情节严重的，给予撤销党内职务或者留党察看处分：

（一）党员被立案审查期间，擅自批准其出差、出国（境）、辞职，或者对其交流、提拔职务、晋升职级、进一步使用、奖励，或者办理退休手续；

（二）党员被依法追究刑事责任后，不按照规定给予党纪处分，或者对党员违反国家法律法规的行为，应当给予党纪处分而不处分；

（三）党纪处分决定或者申诉复查决定作出后，不按照规定落实决定中关于被处分人党籍、职务、职级、待遇等事项；

（四）党员受到党纪处分后，不按照干部管理权限和组织关系对受处分党员开展日常教育、管理和监督工作。

第一百三十七条　【对滥用问责或在问责工作中严重不负责任行为的处分】滥用问责，或者在问责工作中严重不负责任，造成不良影响的，对直接责任者和领导责任者，给予警告或者严重警告处分；情节严重的，给予撤销党内职务处分。

第一百三十八条 【对因渎职致使所管理人员叛逃或出逃、出走行为的处分】因工作不负责任致使所管理的人员叛逃的，对直接责任者和领导责任者，给予警告或者严重警告处分；情节严重的，给予撤销党内职务处分。

因工作不负责任致使所管理的人员出逃、出走，对直接责任者和领导责任者，情节较重的，给予警告或者严重警告处分；情节严重的，给予撤销党内职务处分。

第一百三十九条 【对统计造假、统计造假失察行为的处分】进行统计造假，对直接责任者和领导责任者，情节较轻的，给予警告或者严重警告处分；情节较重的，给予撤销党内职务或者留党察看处分；情节严重的，给予开除党籍处分。

对统计造假失察，造成严重后果的，对直接责任者和领导责任者，给予警告或者严重警告处分；情节严重的，给予撤销党内职务、留党察看或者开除党籍处分。

第一百四十条 【对瞒报或不如实报告工作行为的处分】在上级检查、视察工作或者向上级汇报、报告工作时对应当报告的事项不报告或者不如实报告，造成严重损害或者严重不良影响的，对直接责任者和领导责任者，给予警告或者严重警告处分；情节严重的，给予撤销党内职务或者留党察看处分。

在上级检查、视察工作或者向上级汇报、报告工作时纵容、唆使、暗示、强迫下级说假话、报假情的，从重或者加重处分。

第一百四十一条　【对违规干预和插手市场经济活动行为的处分】违反有关规定干预和插手市场经济活动，有下列行为之一，情节较轻的，给予警告或者严重警告处分；情节较重的，给予撤销党内职务或者留党察看处分；情节严重的，给予开除党籍处分：

（一）干预和插手建设工程项目承发包、土地使用权出让、政府采购、房地产开发与经营、矿产资源开发利用、中介机构服务等活动；

（二）干预和插手国有企业重组改制、兼并、破产、产权交易、清产核资、资产评估、资产转让、重大项目投资以及其他重大经营活动等事项；

（三）干预和插手批办各类行政许可和资金借贷等事项；

（四）干预和插手经济纠纷；

（五）干预和插手集体资金、资产和资源的使用、分配、承包、租赁等事项。

第一百四十二条 【对违规干预和插手司法活动、执纪执法活动,资金分配、立项评审、表彰奖励等行为的处分】违反有关规定干预和插手司法活动、执纪执法活动,向有关地方或者部门打听案情、打招呼、说情,或者以其他方式对司法活动、执纪执法活动施加影响,情节较轻的,给予严重警告处分;情节较重的,给予撤销党内职务或者留党察看处分;情节严重的,给予开除党籍处分。

违反有关规定干预和插手公共财政资金分配、项目立项评审、功勋荣誉表彰奖励等活动,造成重大损失或者不良影响的,依照前款规定处理。

第一百四十三条 【对违规不报告或登记干预和插手行为的处分】按照有关规定对干预和插手行为负有报告和登记义务的受请托人,不按照规定报告或者登记,情节较重的,给予警告或者严重警告处分;情节严重的,给予撤销党内职务处分。

第一百四十四条 【对泄露、扩散或者打探、窃取党组织秘密,私自留存党组织资料行为的处分】泄露、扩散或者打探、窃取党组织关于干部选拔任用、纪律审查、巡视巡察等尚未公开事项或者其他应当保密的内容的,给予警告或者严重警告处分;情节较重的,给予撤销党内职务或者留党察看处分；情节严重的，给予开除党籍处分。

私自留存涉及党组织关于干部选拔任用、纪律审查、巡视巡察等方面资料，情节较重的，给予警告或者严重警告处分；情节严重的，给予撤销党内职务处分。

第一百四十五条 【对违反考试、录取工作规定行为的处分】在考试、录取工作中，有泄露试题、考场舞弊、涂改考卷、违规录取等违反有关规定行为的，给予警告或者严重警告处分；情节较重的，给予撤销党内职务或者留党察看处分；情节严重的，给予开除党籍处分。

第一百四十六条 【对不当谋求本人或他人用公款出国（境）行为的处分】以不正当方式谋求本人或者其他人用公款出国（境），情节较轻的，给予警告处分；情节较重的，给予严重警告处分；情节严重的，给予撤销党内职务处分。

第一百四十七条 【对擅自延长在国（境）外期限或变更路线行为的处分】临时出国（境）团（组）或者人员中的党员，擅自延长在国（境）外期限，或者擅自变更路线的，对直接责任者和领导责任者，给予警告或者严重警告处分；情节严重的，给予撤销党内职务处分。

第一百四十八条 【对驻外机构或党员触犯当地法律或者不尊重当地宗教习俗行为的处分】驻外机构或者临时出国（境）团（组）中的党员，触犯驻在国家、地区的法律、法令或者不尊重驻在国家、地区的宗教习俗，情节较重的，给予警告或者严重警告处分；情节严重的，给予撤销党内职务、留党察看或者开除党籍处分。

第一百四十九条 【对在纪律检查、组织、宣传、统一战线等工作中不履职或不正确履职行为的处分】在党的纪律检查、组织、宣传、统一战线工作以及机关工作等其他工作中，不履行或者不正确履行职责，造成损失或者不良影响的，应当视具体情节给予警告直至开除党籍处分。

第十一章 对违反生活纪律行为的处分

第一百五十条 【对生活奢靡、铺张浪费、贪图享乐、追求低级趣味行为的处分】生活奢靡、铺张浪费、贪图享乐、追求低级趣味，造成不良影响的，给予警告或者严重警告处分；情节严重的，给予撤销党内职务处分。

第一百五十一条 【对与他人发生不正当性关系行为的处分】与他人发生不正当性关系，造成不良影响的，给予警告或者严重警告处分；情节较重的，给予撤销党内职务或者留党察看处分；情节严重的，给予开除党籍处分。

利用职权、教养关系、从属关系或者其他相类似关系与他人发生性关系的，从重处分。

第一百五十二条　【对党员领导干部不重视家风建设行为的处分】党员领导干部不重视家风建设，对配偶、子女及其配偶失管失教，造成不良影响或者严重后果的，给予警告或者严重警告处分；情节严重的，给予撤销党内职务处分。

第一百五十三条　【对违背公序良俗，在公共场所、网络空间有不当言行的处分】违背社会公序良俗，在公共场所、网络空间有不当言行，造成不良影响的，给予警告或者严重警告处分；情节较重的，给予撤销党内职务或者留党察看处分；情节严重的，给予开除党籍处分。

第一百五十四条　【对其他违反社会公德、家庭美德行为的处分】有其他严重违反社会公德、家庭美德行为的，应当视具体情节给予警告直至开除党籍处分。

第三编　附　　则

第一百五十五条　【各省、自治区、直辖市可据此制定单项实施规定】各省、自治区、直辖市党委可以根据本条例，结合各自工作的实际情况，制定单项实施规定。

第一百五十六条 【中央军委可据此制定补充规定或者单项规定】中央军事委员会可以根据本条例，结合中国人民解放军和中国人民武装警察部队的实际情况，制定补充规定或者单项规定。

第一百五十七条 【解释机关】本条例由中央纪委负责解释。

第一百五十八条 【生效时间及溯及力】本条例自2024年1月1日起施行。

本条例施行前，已结案的案件如需进行复查复议，适用当时的规定或者政策。尚未结案的案件，如果行为发生时的规定或者政策不认为是违纪，而本条例认为是违纪的，依照当时的规定或者政策处理；如果行为发生时的规定或者政策认为是违纪的，依照当时的规定或者政策处理，但是如果本条例不认为是违纪或者处理较轻的，依照本条例规定处理。

中国共产党巡视工作条例

（2015年6月26日中共中央政治局会议审议批准 2015年8月3日中共中央发布 2024年1月31日中共中央政治局会议第二次修订 2024年2月8日中共中央发布）

第一章 总 则

第一条 【制定目的】为了坚持和加强党对巡视工作的全面领导，推进新时代巡视工作高质量发展，根据《中国共产党章程》，制定本条例。

第二条 【政治巡视定位和巡视工作方针】巡视工作是上级党组织对下级党组织履行党的领导职能责任的政治监督，根本任务是坚决维护习近平总书记党中央的核心、全党的核心地位，坚决维护以习近平同志为核心的党中央权威和集中统一领导。

巡视工作坚持发现问题、形成震慑，推动改革、促进发展的方针。

第三条 【指导思想和巡视目的】巡视工作以马克思列宁主义、毛泽东思想、邓小平理论、"三个代表"重要思想、科学发展观、习近平新时代中国特色社会主义思想为指导,深入贯彻落实习近平总书记关于党的自我革命的重要思想,深刻领悟"两个确立"的决定性意义,增强"四个意识"、坚定"四个自信"、做到"两个维护",尊崇党章,依规治党,全面贯彻党的巡视工作方针,推进政治监督具体化、精准化、常态化,发挥政治巡视利剑作用,加强巡视整改和成果运用,促进完善党和国家监督体系、健全全面从严治党体系,为深入推进党的自我革命、解决大党独有难题提供有力保障,确保党始终成为中国特色社会主义事业的坚强领导核心。

第四条 【巡视工作的原则】巡视工作遵循下列原则:

(一)坚持党中央集中统一领导、分级负责;

(二)坚持围绕中心、服务大局;

(三)坚持人民立场、贯彻群众路线;

(四)坚持问题导向、发扬斗争精神;

(五)坚持实事求是、依规依纪依法。

第二章　组织领导和机构职责

第五条　【巡视领导体制和工作机制】巡视工作在党中央集中统一领导下，实行党组织分级负责、巡视机构组织实施、纪检监察机关和组织部门协助、有关职能部门支持、被巡视党组织配合、人民群众参与的体制机制。

第六条　【巡视制度和机构设置】党的中央和省、自治区、直辖市委员会实行巡视制度，设立巡视机构，在一届任期内，对所管理的地方、部门、企事业单位党组织实现巡视全覆盖。

中央有关部委、中央国家机关部门党组（党委）和中管金融企业、中管企业、中管高校等党委（党组）根据工作需要，开展巡视工作，设立巡视机构，原则上按照党组织隶属关系和干部管理权限，对下一级单位党组织进行巡视监督。

第七条　【巡视工作主体责任】开展巡视工作的党组织应当把巡视作为推进全面从严治党、履行全面监督职责的重要抓手，承担巡视工作的主体责任。主要职责是：

（一）贯彻落实党中央关于巡视工作的决策部署和

习近平总书记关于巡视工作的重要指示要求；

（二）研究部署巡视工作的重大事项，按照权限制定巡视工作党内法规和规范性文件；

（三）审定巡视工作规划、年度计划和阶段任务安排，统筹谋划推进巡视全覆盖，定期听取巡视工作汇报；

（四）统筹加强巡视整改和成果运用；

（五）统筹构建巡视巡察上下联动工作格局；

（六）发挥巡视综合监督平台作用，推动巡视监督与其他监督贯通协调；

（七）统筹加强巡视机构和干部队伍建设；

（八）研究决定巡视工作其他重要事项。

党组织主要负责人承担巡视工作第一责任人责任。

第八条 【巡视工作的领导机构】开展巡视工作的党组织设立巡视工作领导小组。巡视工作领导小组向同级党组织负责并报告工作。

中央巡视工作领导小组组长由中央纪律检查委员会书记担任，副组长一般由中央组织部部长和中央纪律检查委员会分管日常工作的副书记担任。

省、自治区、直辖市党委巡视工作领导小组组长由同级党的纪律检查委员会书记担任，副组长一般由同级党委组织部部长担任。

中央有关部委、中央国家机关部门党组（党委）和中管金融企业、中管企业、中管高校等党委（党组）巡视工作领导小组组长一般由党组、党委书记（包括不设党组、党委的单位领导班子主要负责人）担任，副组长一般由党组、党委分管有关工作的领导班子成员和纪检监察机构主要负责人担任。

第九条 【巡视工作领导小组的职责】巡视工作领导小组的主要职责是：

（一）贯彻落实党中央决策部署和同级党组织工作要求；

（二）研究提出巡视工作规划、年度计划和阶段任务安排，组织实施巡视全覆盖；

（三）听取巡视工作领导小组办公室、巡视组工作汇报；

（四）向同级党组织报告巡视工作情况；

（五）在同级党组织领导下，组织开展巡视反馈、通报和移交工作，督促推动有关责任主体落实巡视整改和成果运用责任；

（六）指导下级党组织巡视巡察工作；

（七）推动巡视监督与其他监督贯通协调；

（八）推进巡视干部队伍建设，对巡视组进行管理和监督；

（九）研究处理巡视工作其他重要事项。

第十条　【巡视工作领导小组办公室的设置】 中央巡视工作领导小组办公室是中央巡视工作领导小组的日常办事机构，设在中央纪律检查委员会。

省、自治区、直辖市党委巡视工作领导小组办公室为党委工作部门，承担党委巡视工作领导小组日常工作，设在同级党的纪律检查委员会。

中央有关部委、中央国家机关部门党组（党委）和中管金融企业、中管企业、中管高校等党委（党组）巡视工作领导小组办公室可以单独设立，也可以与内设机构合署办公，应当配备相应专职人员，承担党组、党委巡视工作领导小组日常工作。

第十一条　【巡视工作领导小组办公室的职责】 巡视工作领导小组办公室的主要职责是：

（一）贯彻落实党中央决策部署和同级党组织及其巡视工作领导小组的工作要求，对有关决定事项进行督办；

（二）向巡视工作领导小组报告工作情况和重要事项；

（三）统筹、协调、指导、保障巡视组开展工作；

（四）负责巡视整改和成果运用的统筹协调、跟踪督促、汇总报告；

（五）负责对下级巡视巡察机构进行指导；

（六）负责协调有关机关、部门协助、支持巡视工作，推动建立巡视监督与其他监督贯通协调的具体机制；

（七）负责巡视工作理论研究、政策调研、制度建设、信息化建设等工作；

（八）配合有关部门加强对巡视干部的教育、培训、考核、管理和监督；

（九）负责巡视工作领导小组办公室和巡视组党建工作；

（十）办理巡视工作领导小组交办的其他事项。

第十二条 【巡视组的设置】开展巡视工作的党组织设立巡视组。

巡视组分别设组长、副组长、巡视专员和其他职位。巡视组组长、副组长的具体人选根据每次巡视任务确定并授权。

巡视组应当按照民主集中制原则研究讨论决定重大事项。组长全面负责本组工作，副组长协助组长开展工作。

第十三条 【巡视组的职责】巡视组的主要职责是：

（一）根据同级党组织及其巡视工作领导小组的部署要求开展巡视；

（二）向巡视工作领导小组报告巡视情况，提出意见建议；

（三）向被巡视党组织反馈巡视意见，向纪检监察机关、组织部门和有关单位移交巡视发现的问题和问题线索，参与推动巡视整改和成果运用；

（四）对巡视组干部进行日常教育、管理和监督；

（五）办理巡视工作领导小组交办的其他事项。

第十四条 【纪检监察机关、组织部门等协助与支持】纪检监察机关、组织部门应当协助同级党组织开展巡视工作，宣传、统战、政法、保密、审计、财政、统计、信访等部门和单位应当支持巡视工作，协同做好人员选派、情况通报、政策咨询、问题研判、措施配合、整改监督、成果运用等工作。

纪检监察机关派驻机构应当依据有关规定，协助驻在单位（含综合监督单位）党组、党委开展巡视工作。

第十五条 【配合巡视工作和如实反映情况义务】被巡视党组织领导班子及其成员应当自觉接受巡视监督，

积极配合巡视工作。

党员、干部有义务向巡视组如实反映情况。

第三章　巡视对象和内容

第十六条　【中央巡视对象】中央巡视对象是：

（一）省、自治区、直辖市党委及其领导班子，省、自治区、直辖市人大常委会、政府、政协党组，省、自治区、直辖市高级人民法院、人民检察院党组主要负责人，副省级城市党委和人大常委会、政府、政协党组主要负责人；

（二）中央部委领导班子，中央国家机关部门、人民团体党组（党委）；

（三）中管金融企业、中管企业、中管高校以及其他中管单位党委（党组）；

（四）党中央要求巡视的其他党组织。

第十七条　【省、自治区、直辖市党委巡视对象】省、自治区、直辖市党委巡视对象是：

（一）市（地、州、盟）、县（市、区、旗）党委及其领导班子，市（地、州、盟）、县（市、区、旗）人大常委会、政府、政协党组，市（地、州、盟）中级人民法院、人民检察院和县（市、区、旗）人民法院、人民检察院党组主要负责人；

（二）省、自治区、直辖市党委工作部门领导班子，省一级国家机关部门、人民团体党组（党委）；

（三）省、自治区、直辖市管理的国有企业、事业单位党委（党组）；

（四）省、自治区、直辖市党委要求巡视的其他党组织。

第十八条 【巡视监督的内容】巡视工作应当紧盯权力和责任加强政治监督，严明政治纪律和政治规矩，重点检查下列情况：

（一）落实党的理论和路线方针政策、党中央重大决策部署特别是贯彻习近平总书记重要讲话和重要指示批示精神的情况，执行党章和其他党内法规、履行职能责任的情况，落实意识形态工作责任制的情况；

（二）落实全面从严治党主体责任和监督责任、推进党风廉政建设和反腐败斗争的情况，领导干部树立和践行正确政绩观、加强作风建设、落实中央八项规定及其实施细则精神、廉洁自律的情况；

（三）落实新时代党的组织路线，贯彻执行民主集中制，加强领导班子和干部人才队伍建设、基层党组织和党员队伍建设的情况；

（四）落实巡视监督以及审计、财会、统计等其他监督发现问题整改的情况；

（五）开展巡视工作的党组织要求了解的其他情况。

第十九条 【对"一把手"的巡视监督】巡视工作应当加强对被巡视党组织主要负责人的监督，重点检查其对党忠诚、履行全面从严治党第一责任人责任、依规依法履职用权、担当作为、廉洁自律等情况，对反映的重要问题进行深入了解，形成专题材料。

第二十条 【巡视监督的组织方式】开展巡视工作的党组织根据工作需要，采取常规巡视、专项巡视、机动巡视、"回头看"等方式组织开展巡视监督，必要时可以提级巡视。

第四章　工作程序、方式和权限

第二十一条 【巡视前准备工作】巡视组开展巡视前，根据工作需要，应当听取同级纪检监察机关和组织、宣传、统战、政法、保密、审计、财政、统计、信访等部门和单位关于被巡视党组织领导班子及其成员的有关情况通报。

第二十二条 【巡视组进驻后工作的开展】巡视组进驻后，应当向被巡视党组织通报巡视任务，按照规定的工作方式和权限，开展巡视了解工作。

巡视组对反映被巡视党组织领导班子及其成员的重要问题和问题线索，应当进行深入了解。

第二十三条 【巡视组了解情况的方式】巡视组采取下列方式了解情况：

（一）听取被巡视党组织的工作汇报和有关机关、部门的专题汇报；

（二）与被巡视党组织领导班子成员和其他干部群众进行个别谈话；

（三）受理反映被巡视党组织领导班子及其成员和下一级党组织领导班子主要负责人问题的来信、来电、来访等；

（四）抽查核实领导干部报告个人有关事项的情况；

（五）向有关知情人询问情况；

（六）调阅、复制有关文件、档案、会议记录等资料；

（七）召开座谈会；

（八）列席有关会议；

（九）进行民主测评、问卷调查；

（十）下沉调研了解情况；

（十一）开展专项检查；

（十二）提请有关单位予以协助；

（十三）开展巡视工作的党组织批准的其他方式。

第二十四条　【巡视组请示报告制度及开展工作的限制性规定】巡视组应当严格执行请示报告制度，对巡视工作中的重要情况和重大问题及时向巡视工作领导小组请示报告。

巡视组依靠被巡视党组织开展工作，不干预被巡视党组织的正常工作，不履行执纪审查的职责。

第二十五条　【巡视期间立行立改、边巡边查】巡视期间，对干部群众反映强烈、明显违反政策规定并属于被巡视党组织职权范围、能够及时解决的问题，巡视组应当按程序督促被巡视党组织立行立改。

巡视期间，对反映集中的党员、干部涉嫌违纪违法的问题线索，巡视组可以按程序移交有关纪检监察机关及时处置。

第二十六条　【巡视报告、专题报告及沟通制度】巡视组对了解的重要情况和问题，应当形成巡视报告；对普遍性、倾向性问题和体制机制等方面的重大问题，可以形成专题报告。

巡视组对巡视报告、专题报告等反映的问题，应当制作底稿。

巡视组对巡视报告反映的重要问题、提出的整改建议，应当按规定与被巡视党组织主要负责人进行沟通、听取其意见；对巡视报告反映的重要政策性问题，可以与有关职能部门进行沟通、听取其意见。

第二十七条　【巡视整改和成果运用意见建议的提出】巡视工作领导小组应当及时听取巡视组的巡视情况汇报，研究提出巡视整改和成果运用的意见建议，报同级党组织决定。

第二十八条　【巡视整改和成果运用事项的决定】开展巡视工作的党组织应当及时听取巡视工作领导小组有关情况汇报，研究并决定巡视整改和成果运用事项。必要时，可以直接听取巡视组的巡视情况汇报。

第二十九条　【巡视情况反馈和通报】经同级党组织同意后，巡视工作领导小组应当及时组织向被巡视党组织领导班子及其主要负责人分别反馈巡视情况，指出问题，有针对性地提出整改意见。

根据同级党组织及其巡视工作领导小组要求，巡视工作领导小组办公室将巡视的有关情况通报有关职能部门及其分管领导。

第三十条　【巡视移交的内容和方式】对巡视发现的问题和反映党员、干部涉嫌违纪违法的问题线索，巡视工作领导小组办公室和巡视组依据干部管理权限和职责分工，按程序分别移交纪检监察机关、组织部门或者有关单位。

对巡视发现的普遍性、倾向性问题和体制机制等方面的重大问题，可以采取制发巡视建议书或者其他适当方式，向有关职能部门提出加强监管、健全制度、深化改革等意见建议。

第三十一条　【巡视工作公开接受监督】巡视进驻、反馈、整改等情况，应当以适当方式公开，接受党员、干部和人民群众监督。

第五章　巡视整改和成果运用

第三十二条　【党组织对巡视整改和成果运用的组织领导】开展巡视工作的党组织应当加强对巡视整改和成果运用的组织领导，定期听取巡视整改和成果运用情况汇报。

党组织领导班子成员应当结合职责分工，统筹抓好分管领域的巡视整改和成果运用。

第三十三条　【被巡视党组织的整改主体责任】 被巡视党组织承担巡视整改主体责任，应当把整改作为履行管党治党责任、推动高质量发展的重要抓手，融入日常工作、融入深化改革、融入全面从严治党、融入领导班子和干部队伍建设。

党组织主要负责人承担巡视整改第一责任人责任，领导班子其他成员承担"一岗双责"。

党组织主要负责人和领导班子其他成员有调整的，应当做好巡视整改交接工作，持续落实整改责任。

第三十四条　【被巡视党组织集中整改的主要任务】 被巡视党组织应当自收到巡视反馈意见之日起，组织开展为期6个月的集中整改：

（一）研究制定巡视整改方案，建立问题清单、任务清单、责任清单，明确责任人、整改措施和时限；

（二）召开领导班子巡视整改专题民主生活会；

（三）全面抓好巡视反馈问题的整改落实；

（四）认真处置巡视移交的问题线索以及群众反映的

信访事项；

（五）对巡视反馈的问题举一反三，健全制度、补齐短板、堵塞漏洞；

（六）向开展巡视工作的党组织的同级纪检监察机关、组织部门、巡视工作领导小组办公室报送集中整改进展情况报告。

集中整改结束后，被巡视党组织应当建立常态化、长效化整改工作机制，对尚未解决的问题持续抓好整改落实，根据工作实际适时报告后续整改情况。

第三十五条 【纪检监察机关的整改监督责任】开展巡视工作的党组织的同级纪检监察机关承担巡视整改监督责任，全面监督被巡视党组织落实巡视整改任务。主要职责是：

（一）对被巡视党组织制定的巡视整改方案进行审核把关，列席巡视整改专题民主生活会；

（二）建立巡视整改监督台账，综合运用听取汇报、召开推进会议、专题会商、调研督导、现场检查、开展整改评估、谈话提醒、约谈函询、提出纪检监察建议等方式加强日常监督；

（三）对巡视发现的全面从严治党等方面的突出问题

督促推动开展集中整治、专项治理；

（四）依规依纪依法处置巡视移交的问题线索，自收到移交问题线索之日起6个月内，向巡视工作领导小组办公室反馈处置进展情况；

（五）牵头审核被巡视党组织的集中整改进展情况报告；

（六）指导派驻（派出）机构和下级纪检监察机关加强对被巡视党组织落实巡视整改情况的监督；

（七）通过巡视工作领导小组办公室向巡视工作领导小组报送巡视整改监督情况。

纪检监察机关派驻机构应当依据有关规定，将驻在单位（含综合监督单位）党组、党委开展巡视发现问题的整改情况纳入日常监督，推动整改落实。

第三十六条 【组织部门的整改监督责任】开展巡视工作的党组织的组织部门结合职责履行巡视整改监督责任，监督被巡视党组织落实巡视整改任务。主要职责是：

（一）参与对被巡视党组织制定的巡视整改方案进行审核把关，列席巡视整改专题民主生活会；

（二）督促被巡视党组织落实新时代党的组织路线方面问题的整改，加强日常监督，对突出问题组织开展集中整治、专项治理；

（三）把巡视整改落实情况纳入被巡视党组织领导班子和领导干部年度考核重要内容，把巡视发现的问题以及整改落实情况作为领导班子建设和干部考核评价、选拔任用、管理监督的重要参考；

（四）对巡视移交的领导班子建设、贯彻执行民主集中制、干部选拔任用、人才队伍建设、基层党组织和党员队伍建设、干部担当作为等方面问题依规处置，自收到移交问题之日起6个月内，向巡视工作领导小组办公室反馈处置进展情况；

（五）审核被巡视党组织的集中整改进展情况报告中涉及新时代党的组织路线方面的内容；

（六）指导下级组织部门加强对被巡视党组织落实巡视整改情况的监督；

（七）通过巡视工作领导小组办公室向巡视工作领导小组报送巡视整改监督情况。

第三十七条 【有关职能部门的巡视成果运用责任】有关职能部门应当结合职责运用巡视成果，针对巡视通报的问题和移交的工作建议，加强调查研究，提出改进措施，推动改革、完善制度、深化治理，并自通报和移交之日起6个月内,向巡视工作领导小组办公室反馈办理进展情况。

第三十八条　【巡视机构的统筹督促责任】巡视机构应当加强对巡视整改和成果运用的统筹督促,推动建立巡视整改会商、评估、问责等机制。

巡视机构应当向同级党组织报告巡视整改和成果运用的综合情况,对整改不到位的突出问题,推动有关机关、部门对有关党组织和责任人严肃问责。

第六章　队伍建设

第三十九条　【建设高素质专业化干部队伍】开展巡视工作的党组织应当加强对巡视干部队伍建设的整体谋划,结合巡视工作特点建立健全制度机制,建设高素质专业化干部队伍。

选优配强巡视组组长、副组长,配备与巡视任务相适应的专职干部,防止照顾性安排。加强巡视干部规范管理,加大教育培训、轮岗交流力度。

重视在巡视岗位发现、培养、锻炼干部,有计划地安排优秀年轻干部、新提拔干部到巡视岗位锻炼,并将参加巡视工作的经历和表现,作为干部考核评价、选拔任用的参考。

第四十条　【巡视干部应当具备的条件】巡视干部应当具备下列条件：

（一）理想信念坚定，对党忠诚，自觉在思想上政治上行动上同以习近平同志为核心的党中央保持高度一致；

（二）坚持原则，敢于斗争，担当作为，依法办事，公道正派，清正廉洁；

（三）模范遵守党的纪律和国家法律法规，严守党和国家的秘密；

（四）具有履行巡视监督职责的专业知识和较强的发现问题、沟通协调、文字综合等能力；

（五）具有正常履行职责的身体条件和心理素质。

抽调人员参加巡视工作，应当按照上述条件，严把政治关、品行关、能力关、作风关、廉洁关，按程序征求党风廉政意见。

对不适合从事巡视工作的人员，应当及时予以调整。

第四十一条　【巡视干部纪律建设要求】巡视机构应当加强作风建设和纪律建设，督促巡视干部严守政治纪律和政治规矩，严格落实中央八项规定及其实施细则精神，带头反对形式主义、官僚主义、享乐主义和奢靡之风，严格执行巡视工作纪律，做到忠诚干净担当、敢于善于斗争。

第四十二条 【巡视机构和巡视干部自觉接受监督】巡视机构、巡视干部应当自觉接受党组织监督、民主监督、群众监督等各方面监督，带头强化自我监督。建立健全内控机制，加强对巡视干部特别是巡视组组长、副组长等关键岗位人员的监督，严格执行回避、保密、重大事项请示报告、作风纪律评估等制度规定，依规依纪依法开展巡视工作。

任何单位和个人对巡视机构、巡视干部的违规违纪违法行为有权提出检举、控告。

第七章 责任追究

第四十三条 【巡视工作领导责任追究】开展巡视工作的党组织及其巡视工作领导小组领导巡视工作不力，发生严重问题的，依据有关规定追究有关责任人员的责任。

第四十四条 【巡视工作协助、支持义务及责任追究】有关机关、部门和单位违反规定不协助、支持巡视工作，造成严重后果的，依据有关规定追究有关责任人员的责任。

第四十五条 【巡视工作人员违反工作纪律责任追究】巡视工作人员有下列情形之一的，视情节轻重，依据有关规定给予批评教育、责令检查、诫勉、组织处理或者党纪、政务处分；构成犯罪的，依法追究刑事责任：

（一）对应当发现的重要问题没有发现；

（二）不如实报告巡视情况，隐瞒、歪曲、捏造事实；

（三）私自留存巡视工作资料，泄露与巡视工作有关的国家秘密、工作秘密、商业秘密和个人隐私等未公开信息；

（四）工作中超越权限，造成不良后果；

（五）利用巡视工作的便利谋取私利或者为他人谋取不正当利益；

（六）违反巡视工作纪律的其他行为。

第四十六条 【不配合或者干扰巡视工作的责任追究】被巡视党组织及其工作人员有下列情形之一的，视情节轻重，依据有关规定对该党组织领导班子主要负责人或者其他有关责任人员，给予批评教育、责令检查、诫勉、组织处理或者党纪、政务处分；构成犯罪的，依法追究刑事责任：

（一）隐瞒不报或者故意向巡视组提供虚假情况；

（二）拒绝或者不按照要求向巡视组提供有关文件资料；

（三）指使、强令有关单位或者人员干扰、阻挠巡视工作，或者诬告、陷害他人；

（四）组织领导巡视整改不力，落实巡视整改要求不到位，敷衍应付、虚假整改；

（五）对反映问题的干部群众进行威胁、打击、报复、陷害；

（六）其他不配合或者干扰巡视工作的情形。

第八章　巡察工作

第四十七条　【开展巡察工作的主体】党的市（地、州、盟）和县（市、区、旗）委员会建立巡察制度，设立巡察机构，在一届任期内，对所管理的党组织实现巡察全覆盖。

其他党组织需要开展巡察工作的，应当通过上级党委（党组）巡视工作领导小组报党委（党组）批准。

第四十八条　【市县党委巡察对象】市（地、州、盟）党委巡察对象是：党委工作部门领导班子，市一级国家机关部门、人民团体党组（党委），市（地、州、盟）管理的国有企业、事业单位党组织，以及党委要求巡察的其他党组织。

县（市、区、旗）党委巡察对象是：党委工作部门领导班子，县一级国家机关部门、人民团体党组（党委），县（市、区、旗）管理的国有企业、事业单位党组织，所辖的乡镇（街道）、村（社区）党组织，以及党委要求巡察的其他党组织。

第四十九条 【巡察监督内容】巡察工作应当坚守政治监督定位，聚焦党中央决策部署在基层落实情况、群众身边不正之风和腐败问题、基层党组织和党员队伍建设、巡察整改和成果运用等加强监督检查。

第五十条 【巡察工作参照巡视工作规定】巡察工作的组织领导和机构职责、工作程序和方式权限、整改和成果运用、队伍建设、责任追究等，参照本条例关于巡视工作的规定，结合实际确定。

第九章 附　则

第五十一条 【中央军委参照制定巡视制度规定】中国人民解放军和中国人民武装警察部队的党组织实行巡

视制度的规定，由中央军委参照本条例制定。

第五十二条 【解释机关】本条例由中央巡视工作领导小组办公室负责解释。

第五十三条 【生效时间】本条例自发布之日起施行。此前发布的其他有关巡视工作的规定，凡与本条例不一致的，按照本条例执行。

中华人民共和国监察法

（2018年3月20日第十三届全国人民代表大会第一次会议通过 2018年3月20日中华人民共和国主席令第3号公布 自公布之日起施行）

第一章 总 则

第一条 【制定目的】为了深化国家监察体制改革，加强对所有行使公权力的公职人员的监督，实现国家监察全面覆盖，深入开展反腐败工作，推进国家治理体系和治理能力现代化，根据宪法，制定本法。

第二条 【指导思想】坚持中国共产党对国家监察工作的领导，以马克思列宁主义、毛泽东思想、邓小平理论、"三个代表"重要思想、科学发展观、习近平新时代中国特色社会主义思想为指导，构建集中统一、权威高效的中国特色国家监察体制。

第三条 【监察委员会的性质和职能】各级监察委员会是行使国家监察职能的专责机关，依照本法对所有行使公权力的公职人员（以下称公职人员）进行监察，调查职务违法和职务犯罪，开展廉政建设和反腐败工作，维护宪法和法律的尊严。

第四条 【监委行使职权原则、监察机关与司法机关工作关系】监察委员会依照法律规定独立行使监察权，不受行政机关、社会团体和个人的干涉。

监察机关办理职务违法和职务犯罪案件，应当与审判机关、检察机关、执法部门互相配合，互相制约。

监察机关在工作中需要协助的，有关机关和单位应当根据监察机关的要求依法予以协助。

第五条 【监察工作原则】国家监察工作严格遵照宪法和法律，以事实为根据，以法律为准绳；在适用法律上一律平等，保障当事人的合法权益；权责对等，严格监督；惩戒与教育相结合，宽严相济。

第六条 【监察工作方针】国家监察工作坚持标本兼治、综合治理，强化监督问责，严厉惩治腐败；深化改革、健全法治，有效制约和监督权力；加强法治教育和道德教育，弘扬中华优秀传统文化，构建不敢腐、不能腐、不想腐的长效机制。

第二章 监察机关及其职责

第七条 【国家监委定位和地方各级监委机构设置】中华人民共和国国家监察委员会是最高监察机关。

省、自治区、直辖市、自治州、县、自治县、市、市辖区设立监察委员会。

第八条 【国家监委的产生、职责、组成人员以及和权力机关关系】国家监察委员会由全国人民代表大会产生，负责全国监察工作。

国家监察委员会由主任、副主任若干人、委员若干人组成，主任由全国人民代表大会选举，副主任、委员由国家监察委员会主任提请全国人民代表大会常务委员会任免。

国家监察委员会主任每届任期同全国人民代表大会每届任期相同，连续任职不得超过两届。

国家监察委员会对全国人民代表大会及其常务委员会负责，并接受其监督。

第九条 【地方各级监委的产生、职责、组成人员以及和权力机关、上级监委关系】地方各级监察委员会由本级人民代表大会产生，负责本行政区域内的监察工作。

地方各级监察委员会由主任、副主任若干人、委员若干人组成，主任由本级人民代表大会选举，副主任、委员由监察委员会主任提请本级人民代表大会常务委员会任免。

地方各级监察委员会主任每届任期同本级人民代表大会每届任期相同。

地方各级监察委员会对本级人民代表大会及其常务委员会和上一级监察委员会负责，并接受其监督。

第十条 【监察机关上下级领导关系】国家监察委员会领导地方各级监察委员会的工作，上级监察委员会领导下级监察委员会的工作。

第十一条 【监委职责】监察委员会依照本法和有关法律规定履行监督、调查、处置职责：

（一）对公职人员开展廉政教育，对其依法履职、秉公用权、廉洁从政从业以及道德操守情况进行监督检查；

（二）对涉嫌贪污贿赂、滥用职权、玩忽职守、权力寻租、利益输送、徇私舞弊以及浪费国家资财等职务违法和职务犯罪进行调查；

（三）对违法的公职人员依法作出政务处分决定；对履行职责不力、失职失责的领导人员进行问责；对涉嫌职务犯罪的，将调查结果移送人民检察院依法审查、提起公诉；向监察对象所在单位提出监察建议。

第十二条 【派驻或者派出监察机构、监察专员的设置和领导关系】各级监察委员会可以向本级中国共产党机关、国家机关、法律法规授权或者委托管理公共事务的组织和单位以及所管辖的行政区域、国有企业等派驻或者派出监察机构、监察专员。

监察机构、监察专员对派驻或者派出它的监察委员会负责。

第十三条 【派驻或者派出监察机构、监察专员职责】派驻或者派出的监察机构、监察专员根据授权，按照管理权限依法对公职人员进行监督，提出监察建议，依法对公职人员进行调查、处置。

第十四条 【实行监察官制度】国家实行监察官制度，依法确定监察官的等级设置、任免、考评和晋升等制度。

第三章　监察范围和管辖

第十五条　【监察对象】监察机关对下列公职人员和有关人员进行监察：

（一）中国共产党机关、人民代表大会及其常务委员会机关、人民政府、监察委员会、人民法院、人民检察院、中国人民政治协商会议各级委员会机关、民主党派机关和工商业联合会机关的公务员，以及参照《中华人民共和国公务员法》管理的人员；

（二）法律、法规授权或者受国家机关依法委托管理公共事务的组织中从事公务的人员；

（三）国有企业管理人员；

（四）公办的教育、科研、文化、医疗卫生、体育等单位中从事管理的人员；

（五）基层群众性自治组织中从事管理的人员；

（六）其他依法履行公职的人员。

第十六条　【管辖原则】各级监察机关按照管理权限管辖本辖区内本法第十五条规定的人员所涉监察事项。

上级监察机关可以办理下一级监察机关管辖范围内的监察事项，必要时也可以办理所辖各级监察机关管辖范围内的监察事项。

监察机关之间对监察事项的管辖有争议的,由其共同的上级监察机关确定。

第十七条 【指定管辖和报请提级管辖原则】上级监察机关可以将其所管辖的监察事项指定下级监察机关管辖,也可以将下级监察机关有管辖权的监察事项指定给其他监察机关管辖。

监察机关认为所管辖的监察事项重大、复杂,需要由上级监察机关管辖的,可以报请上级监察机关管辖。

第四章 监察权限

第十八条 【收集证据一般原则】监察机关行使监督、调查职权,有权依法向有关单位和个人了解情况,收集、调取证据。有关单位和个人应当如实提供。

监察机关及其工作人员对监督、调查过程中知悉的国家秘密、商业秘密、个人隐私,应当保密。

任何单位和个人不得伪造、隐匿或者毁灭证据。

第十九条 【对可能发生职务违法的监察对象进行处理】对可能发生职务违法的监察对象,监察机关按照管理权限,可以直接或者委托有关机关、人员进行谈话或者要求说明情况。

第二十条 【要求被调查人陈述和讯问被调查人的权限】在调查过程中,对涉嫌职务违法的被调查人,监察机关可以要求其就涉嫌违法行为作出陈述,必要时向被调查人出具书面通知。

对涉嫌贪污贿赂、失职渎职等职务犯罪的被调查人,监察机关可以进行讯问,要求其如实供述涉嫌犯罪的情况。

第二十一条 【询问】在调查过程中,监察机关可以询问证人等人员。

第二十二条 【留置】被调查人涉嫌贪污贿赂、失职渎职等严重职务违法或者职务犯罪,监察机关已经掌握其部分违法犯罪事实及证据,仍有重要问题需要进一步调查,并有下列情形之一的,经监察机关依法审批,可以将其留置在特定场所:

(一)涉及案情重大、复杂的;

(二)可能逃跑、自杀的;

(三)可能串供或者伪造、隐匿、毁灭证据的;

(四)可能有其他妨碍调查行为的。

对涉嫌行贿犯罪或者共同职务犯罪的涉案人员,监察机关可以依照前款规定采取留置措施。

留置场所的设置、管理和监督依照国家有关规定执行。

第二十三条 【查询、冻结】监察机关调查涉嫌贪污贿赂、失职渎职等严重职务违法或者职务犯罪，根据工作需要，可以依照规定查询、冻结涉案单位和个人的存款、汇款、债券、股票、基金份额等财产。有关单位和个人应当配合。

冻结的财产经查明与案件无关的，应当在查明后三日内解除冻结，予以退还。

第二十四条 【搜查】监察机关可以对涉嫌职务犯罪的被调查人以及可能隐藏被调查人或者犯罪证据的人的身体、物品、住处和其他有关地方进行搜查。在搜查时，应当出示搜查证，并有被搜查人或者其家属等见证人在场。

搜查女性身体，应当由女性工作人员进行。

监察机关进行搜查时，可以根据工作需要提请公安机关配合。公安机关应当依法予以协助。

第二十五条 【调取、查封、扣押】监察机关在调查过程中，可以调取、查封、扣押用以证明被调查人涉嫌违法犯罪的财物、文件和电子数据等信息。采取调取、查封、扣押措施，应当收集原物原件，会同持有人或者保管人、见证人，当面逐一拍照、登记、编号，开列清单，由在场人员当场核对、签名，并将清单副本交财物、文件的持有人或者保管人。

对调取、查封、扣押的财物、文件，监察机关应当设立专用账户、专门场所，确定专门人员妥善保管，严格履行交接、调取手续，定期对账核实，不得毁损或者用于其他目的。对价值不明物品应当及时鉴定，专门封存保管。

查封、扣押的财物、文件经查明与案件无关的，应当在查明后三日内解除查封、扣押，予以退还。

第二十六条 【勘验检查】监察机关在调查过程中，可以直接或者指派、聘请具有专门知识、资格的人员在调查人员主持下进行勘验检查。勘验检查情况应当制作笔录，由参加勘验检查的人员和见证人签名或者盖章。

第二十七条 【指派、聘请有专门知识的人鉴定】监察机关在调查过程中，对于案件中的专门性问题，可以指派、聘请有专门知识的人进行鉴定。鉴定人进行鉴定后，应当出具鉴定意见，并且签名。

第二十八条 【技术调查措施】监察机关调查涉嫌

重大贪污贿赂等职务犯罪，根据需要，经过严格的批准手续，可以采取技术调查措施，按照规定交有关机关执行。

批准决定应当明确采取技术调查措施的种类和适用对象，自签发之日起三个月以内有效；对于复杂、疑难案件，期限届满仍有必要继续采取技术调查措施的，经过批准，有效期可以延长，每次不得超过三个月。对于不需要继续采取技术调查措施的，应当及时解除。

第二十九条　【通缉】依法应当留置的被调查人如果在逃，监察机关可以决定在本行政区域内通缉，由公安机关发布通缉令，追捕归案。通缉范围超出本行政区域的，应当报请有权决定的上级监察机关决定。

第三十条　【限制出境】监察机关为防止被调查人及相关人员逃匿境外，经省级以上监察机关批准，可以对被调查人及相关人员采取限制出境措施，由公安机关依法执行。对于不需要继续采取限制出境措施的，应当及时解除。

第三十一条　【认罪认罚从宽处罚的情形】涉嫌职务犯罪的被调查人主动认罪认罚，有下列情形之一的，监察机关经领导人员集体研究，并报上一级监察机关批准，可以在移送人民检察院时提出从宽处罚的建议：

（一）自动投案，真诚悔罪悔过的；

（二）积极配合调查工作，如实供述监察机关还未掌握的违法犯罪行为的；

（三）积极退赃，减少损失的；

（四）具有重大立功表现或者案件涉及国家重大利益等情形的。

第三十二条 【揭发或提供重要线索的从宽处罚】职务违法犯罪的涉案人员揭发有关被调查人职务违法犯罪行为，查证属实的，或者提供重要线索，有助于调查其他案件的，监察机关经领导人员集体研究，并报上一级监察机关批准，可以在移送人民检察院时提出从宽处罚的建议。

第三十三条 【依法收集的证据材料的法律效力、非法证据排除规则】监察机关依照本法规定收集的物证、书证、证人证言、被调查人供述和辩解、视听资料、电子数据等证据材料，在刑事诉讼中可以作为证据使用。

监察机关在收集、固定、审查、运用证据时，应当与刑事审判关于证据的要求和标准相一致。

以非法方法收集的证据应当依法予以排除，不得作为案件处置的依据。

第三十四条 【职务违法犯罪问题线索移送制度和管辖】人民法院、人民检察院、公安机关、审计机关等国家机关在工作中发现公职人员涉嫌贪污贿赂、失职渎职等职务违法或者职务犯罪的问题线索,应当移送监察机关,由监察机关依法调查处置。

被调查人既涉嫌严重职务违法或者职务犯罪,又涉嫌其他违法犯罪的,一般应当由监察机关为主调查,其他机关予以协助。

第五章 监察程序

第三十五条 【对报案或举报的处理】监察机关对于报案或者举报,应当接受并按照有关规定处理。对于不属于本机关管辖的,应当移送主管机关处理。

第三十六条 【加强监察工作监督管理的总体规定】监察机关应当严格按照程序开展工作,建立问题线索处置、调查、审理各部门相互协调、相互制约的工作机制。

监察机关应当加强对调查、处置工作全过程的监督管理,设立相应的工作部门履行线索管理、监督检查、督促办理、统计分析等管理协调职能。

第三十七条 【问题线索处置程序和要求】监察机

关对监察对象的问题线索，应当按照有关规定提出处置意见，履行审批手续，进行分类办理。线索处置情况应当定期汇总、通报，定期检查、抽查。

第三十八条　【初步核实】需要采取初步核实方式处置问题线索的，监察机关应当依法履行审批程序，成立核查组。初步核实工作结束后，核查组应当撰写初步核实情况报告，提出处理建议。承办部门应当提出分类处理意见。初步核实情况报告和分类处理意见报监察机关主要负责人审批。

第三十九条　【立案的条件和程序、立案后的处理】经过初步核实，对监察对象涉嫌职务违法犯罪，需要追究法律责任的，监察机关应当按照规定的权限和程序办理立案手续。

监察机关主要负责人依法批准立案后，应当主持召开专题会议，研究确定调查方案，决定需要采取的调查措施。

立案调查决定应当向被调查人宣布，并通报相关组织。涉嫌严重职务违法或者职务犯罪的，应当通知被调查人家属，并向社会公开发布。

第四十条　【调查取证工作要求】监察机关对职务

违法和职务犯罪案件，应当进行调查，收集被调查人有无违法犯罪以及情节轻重的证据，查明违法犯罪事实，形成相互印证、完整稳定的证据链。

严禁以威胁、引诱、欺骗及其他非法方式收集证据，严禁侮辱、打骂、虐待、体罚或者变相体罚被调查人和涉案人员。

第四十一条 【采取调查措施的程序性规定】调查人员采取讯问、询问、留置、搜查、调取、查封、扣押、勘验检查等调查措施，均应当依照规定出示证件，出具书面通知，由二人以上进行，形成笔录、报告等书面材料，并由相关人员签名、盖章。

调查人员进行讯问以及搜查、查封、扣押等重要取证工作，应当对全过程进行录音录像，留存备查。

第四十二条 【严格执行调查方案、重要事项的请示报告制度】调查人员应当严格执行调查方案，不得随意扩大调查范围、变更调查对象和事项。

对调查过程中的重要事项，应当集体研究后按程序请示报告。

第四十三条 【留置措施的审批权限、期限、执行和解除】监察机关采取留置措施，应当由监察机关领导人员集体研究决定。设区的市级以下监察机关采取留置措施,应当报上一级监察机关批准。省级监察机关采取留置措施,应当报国家监察委员会备案。

留置时间不得超过三个月。在特殊情况下,可以延长一次,延长时间不得超过三个月。省级以下监察机关采取留置措施的,延长留置时间应当报上一级监察机关批准。监察机关发现采取留置措施不当的,应当及时解除。

监察机关采取留置措施,可以根据工作需要提请公安机关配合。公安机关应当依法予以协助。

第四十四条 【留置期间监察机关工作要求、被留置人合法权益保障】对被调查人采取留置措施后,应当在二十四小时以内,通知被留置人员所在单位和家属,但有可能毁灭、伪造证据,干扰证人作证或者串供等有碍调查情形的除外。有碍调查的情形消失后,应当立即通知被留置人员所在单位和家属。

监察机关应当保障被留置人员的饮食、休息和安全,提供医疗服务。讯问被留置人员应当合理安排讯问时间和时长,讯问笔录由被讯问人阅看后签名。

被留置人员涉嫌犯罪移送司法机关后,被依法判处管制、拘役和有期徒刑的,留置一日折抵管制二日,折抵拘役、有期徒刑一日。

第四十五条 【根据监督、调查结果处置的方式】监察机关根据监督、调查结果，依法作出如下处置：

（一）对有职务违法行为但情节较轻的公职人员，按照管理权限，直接或者委托有关机关、人员，进行谈话提醒、批评教育、责令检查，或者予以诫勉；

（二）对违法的公职人员依照法定程序作出警告、记过、记大过、降级、撤职、开除等政务处分决定；

（三）对不履行或者不正确履行职责负有责任的领导人员，按照管理权限对其直接作出问责决定，或者向有权作出问责决定的机关提出问责建议；

（四）对涉嫌职务犯罪的，监察机关经调查认为犯罪事实清楚，证据确实、充分的，制作起诉意见书，连同案卷材料、证据一并移送人民检察院依法审查、提起公诉；

（五）对监察对象所在单位廉政建设和履行职责存在的问题等提出监察建议。

监察机关经调查，对没有证据证明被调查人存在违法犯罪行为的，应当撤销案件，并通知被调查人所在单位。

第四十六条 【对涉案财物的处置】监察机关经调查，对违法取得的财物，依法予以没收、追缴或者责令退赔；对涉嫌犯罪取得的财物，应当随案移送人民检察院。

第四十七条 【检察机关对监察机关移送案件的处理】对监察机关移送的案件，人民检察院依照《中华人民共和国刑事诉讼法》对被调查人采取强制措施。

人民检察院经审查，认为犯罪事实已经查清，证据确实、充分，依法应当追究刑事责任的，应当作出起诉决定。

人民检察院经审查，认为需要补充核实的，应当退回监察机关补充调查，必要时可以自行补充侦查。对于补充调查的案件，应当在一个月内补充调查完毕。补充调查以二次为限。

人民检察院对于有《中华人民共和国刑事诉讼法》规定的不起诉的情形的，经上一级人民检察院批准，依法作出不起诉的决定。监察机关认为不起诉的决定有错误的，可以向上一级人民检察院提请复议。

第四十八条 【被调查人逃匿、死亡案件违法所得没收程序】监察机关在调查贪污贿赂、失职渎职等职务犯罪案件过程中，被调查人逃匿或者死亡，有必要继续调查的，经省级以上监察机关批准，应当继续调查并作出结论。被调查人逃匿，在通缉一年后不能到案，或者死亡的，由监察机关提请人民检察院依照法定程序，向人民法院提出没收违法所得的申请。

第四十九条 【复审、复核】监察对象对监察机关作出的涉及本人的处理决定不服的，可以在收到处理决定之日起一个月内，向作出决定的监察机关申请复审，复审机关应当在一个月内作出复审决定；监察对象对复审决定仍不服的，可以在收到复审决定之日起一个月内，向上一级监察机关申请复核，复核机关应当在二个月内作出复核决定。复审、复核期间，不停止原处理决定的执行。复核机关经审查，认定处理决定有错误的，原处理机关应当及时予以纠正。

第六章 反腐败国际合作

第五十条 【国家监察委员会统筹协调反腐败国际合作】国家监察委员会统筹协调与其他国家、地区、国际组织开展的反腐败国际交流、合作，组织反腐败国际条约实施工作。

第五十一条 【国家监察委员会组织协调开展反腐败国际合作】国家监察委员会组织协调有关方面加强与有关国家、地区、国际组织在反腐败执法、引渡、司法协助、被判刑人的移管、资产追回和信息交流等领域的合作。

第五十二条 【反腐败国际追逃追赃和防逃工作】国家监察委员会加强对反腐败国际追逃追赃和防逃工作的组织协调，督促有关单位做好相关工作：

（一）对于重大贪污贿赂、失职渎职等职务犯罪案件，被调查人逃匿到国（境）外，掌握证据比较确凿的，通过开展境外追逃合作，追捕归案；

（二）向赃款赃物所在国请求查询、冻结、扣押、没收、追缴、返还涉案资产；

（三）查询、监控涉嫌职务犯罪的公职人员及其相关人员进出国（境）和跨境资金流动情况，在调查案件过程中设置防逃程序。

第七章 对监察机关和监察人员的监督

第五十三条 【人大监督】各级监察委员会应当接受本级人民代表大会及其常务委员会的监督。

各级人民代表大会常务委员会听取和审议本级监察委员会的专项工作报告，组织执法检查。

县级以上各级人民代表大会及其常务委员会举行会议时，人民代表大会代表或者常务委员会组成人员可以依照法律规定的程序，就监察工作中的有关问题提出询问或者质询。

第五十四条 【外部监督】监察机关应当依法公开监察工作信息，接受民主监督、社会监督、舆论监督。

第五十五条 【内部监督】监察机关通过设立内部专门的监督机构等方式，加强对监察人员执行职务和遵守法律情况的监督，建设忠诚、干净、担当的监察队伍。

第五十六条 【监察人员守法义务和业务能力等要求】监察人员必须模范遵守宪法和法律，忠于职守、秉公执法，清正廉洁、保守秘密；必须具有良好的政治素质，熟悉监察业务，具备运用法律、法规、政策和调查取证等能力，自觉接受监督。

第五十七条 【对监察人员打听案情、过问案件、说情干预、未经批准接触被调查人等情况的报告备案】对于监察人员打听案情、过问案件、说情干预的，办理监察事项的监察人员应当及时报告。有关情况应当登记备案。

发现办理监察事项的监察人员未经批准接触被调查人、涉案人员及其特定关系人，或者存在交往情形的，知情人应当及时报告。有关情况应当登记备案。

第五十八条 【回避制度】办理监察事项的监察人

员有下列情形之一的,应当自行回避,监察对象、检举人及其他有关人员也有权要求其回避:

(一) 是监察对象或者检举人的近亲属的;

(二) 担任过本案的证人的;

(三) 本人或者其近亲属与办理的监察事项有利害关系的;

(四) 有可能影响监察事项公正处理的其他情形的。

第五十九条 【监察人员脱密期管理和从业限制】监察机关涉密人员离岗离职后,应当遵守脱密期管理规定,严格履行保密义务,不得泄露相关秘密。

监察人员辞职、退休三年内,不得从事与监察和司法工作相关联且可能发生利益冲突的职业。

第六十条 【申诉制度】监察机关及其工作人员有下列行为之一的,被调查人及其近亲属有权向该机关申诉:

(一) 留置法定期限届满,不予以解除的;

(二) 查封、扣押、冻结与案件无关的财物的;

(三) 应当解除查封、扣押、冻结措施而不解除的;

(四) 贪污、挪用、私分、调换以及违反规定使用查封、扣押、冻结的财物的;

(五) 其他违反法律法规、侵害被调查人合法权益的行为。

受理申诉的监察机关应当在受理申诉之日起一个月内作出处理决定。申诉人对处理决定不服的,可以在收到处理决定之日起一个月内向上一级监察机关申请复查,上一级监察机关应当在收到复查申请之日起二个月内作出处理决定,情况属实的,及时予以纠正。

第六十一条 【调查结束后发现立案依据不充分或失实、案件处置出现重大失误、监察人员严重违法等的责任追究】对调查工作结束后发现立案依据不充分或者失实,案件处置出现重大失误,监察人员严重违法的,应当追究负有责任的领导人员和直接责任人员的责任。

第八章 法律责任

第六十二条 【对拒不执行处理决定或无正当理由拒不采纳监察建议的处理】有关单位拒不执行监察机关作出的处理决定,或者无正当理由拒不采纳监察建议的,由其主管部门、上级机关责令改正,对单位给予通报批评;对负有责任的领导人员和直接责任人员依法给予处分。

第六十三条 【对阻碍、干扰监察工作的处理】有关人员违反本法规定,有下列行为之一的,由其所在单位、主管部门、上级机关或者监察机关责令改正，依法给予处理：

（一）不按要求提供有关材料，拒绝、阻碍调查措施实施等拒不配合监察机关调查的；

（二）提供虚假情况，掩盖事实真相的；

（三）串供或者伪造、隐匿、毁灭证据的；

（四）阻止他人揭发检举、提供证据的；

（五）其他违反本法规定的行为，情节严重的。

第六十四条 【对报复陷害、诬告陷害的处理】监察对象对控告人、检举人、证人或者监察人员进行报复陷害的；控告人、检举人、证人捏造事实诬告陷害监察对象的，依法给予处理。

第六十五条 【对监察机关及其工作人员违法行使职权的责任追究】监察机关及其工作人员有下列行为之一的，对负有责任的领导人员和直接责任人员依法给予处理：

（一）未经批准、授权处置问题线索，发现重大案情隐瞒不报，或者私自留存、处理涉案材料的；

（二）利用职权或者职务上的影响干预调查工作、以案谋私的；

（三）违法窃取、泄露调查工作信息，或者泄露举报事项、举报受理情况以及举报人信息的；

（四）对被调查人或者涉案人员逼供、诱供，或者侮辱、打骂、虐待、体罚或者变相体罚的；

（五）违反规定处置查封、扣押、冻结的财物的；

（六）违反规定发生办案安全事故，或者发生安全事故后隐瞒不报、报告失实、处置不当的；

（七）违反规定采取留置措施的；

（八）违反规定限制他人出境，或者不按规定解除出境限制的；

（九）其他滥用职权、玩忽职守、徇私舞弊的行为。

第六十六条　【对构成犯罪的追究刑事责任】违反本法规定，构成犯罪的，依法追究刑事责任。

第六十七条　【监察机关国家赔偿责任】监察机关及其工作人员行使职权，侵犯公民、法人和其他组织的合法权益造成损害的，依法给予国家赔偿。

第九章　附　　则

第六十八条　【中国人民解放军和中国人民武装警察部队开展监察工作的特殊规定】中国人民解放军和中国人

民武装警察部队开展监察工作,由中央军事委员会根据本法制定具体规定。

第六十九条 【施行时间和效力】本法自公布之日起施行。《中华人民共和国行政监察法》同时废止。

中华人民共和国公职人员政务处分法

(2020年6月20日第十三届全国人民代表大会常务委员会第十九次会议通过 2020年6月20日中华人民共和国主席令第46号公布 自2020年7月1日起施行)

第一章 总 则

第一条 【立法目的和依据】为了规范政务处分,加强对所有行使公权力的公职人员的监督,促进公职人员依法履职、秉公用权、廉洁从政从业、坚持道德操守,根据《中华人民共和国监察法》,制定本法。

第二条 【适用范围】本法适用于监察机关对违法的公职人员给予政务处分的活动。

本法第二章、第三章适用于公职人员任免机关、单位对违法的公职人员给予处分。处分的程序、申诉等适用其他法律、行政法规、国务院部门规章和国家有关规定。

本法所称公职人员，是指《中华人民共和国监察法》第十五条规定的人员。

第三条　【政务处分决定主体】监察机关应当按照管理权限，加强对公职人员的监督，依法给予违法的公职人员政务处分。

公职人员任免机关、单位应当按照管理权限，加强对公职人员的教育、管理、监督，依法给予违法的公职人员处分。

监察机关发现公职人员任免机关、单位应当给予处分而未给予，或者给予的处分违法、不当的，应当及时提出监察建议。

第四条　【政务处分原则】给予公职人员政务处分，坚持党管干部原则，集体讨论决定；坚持法律面前一律平等，以事实为根据，以法律为准绳，给予的政务处分与违法行为的性质、情节、危害程度相当；坚持惩戒与教育相结合，宽严相济。

第五条　【政务处分工作方针】给予公职人员政务

处分,应当事实清楚、证据确凿、定性准确、处理恰当、程序合法、手续完备。

第六条 【公职人员依法履职受法律保护】公职人员依法履行职责受法律保护,非因法定事由、非经法定程序,不受政务处分。

第二章 政务处分的种类和适用

第七条 【政务处分的种类】政务处分的种类为:

(一)警告;

(二)记过;

(三)记大过;

(四)降级;

(五)撤职;

(六)开除。

第八条 【政务处分的期间】政务处分的期间为:

(一)警告,六个月;

(二)记过,十二个月;

(三)记大过,十八个月;

(四)降级、撤职,二十四个月。

政务处分决定自作出之日起生效,政务处分期自政务处分决定生效之日起计算。

第九条 【共同违法分别给予政务处分】公职人员二人以上共同违法，根据各自在违法行为中所起的作用和应当承担的法律责任，分别给予政务处分。

第十条 【集体违法的政务处分】有关机关、单位、组织集体作出的决定违法或者实施违法行为的，对负有责任的领导人员和直接责任人员中的公职人员依法给予政务处分。

第十一条 【从轻或减轻给予政务处分】公职人员有下列情形之一的，可以从轻或者减轻给予政务处分：

（一）主动交代本人应当受到政务处分的违法行为的；

（二）配合调查，如实说明本人违法事实的；

（三）检举他人违纪违法行为，经查证属实的；

（四）主动采取措施，有效避免、挽回损失或者消除不良影响的；

（五）在共同违法行为中起次要或者辅助作用的；

（六）主动上交或者退赔违法所得的；

（七）法律、法规规定的其他从轻或者减轻情节。

第十二条 【免予或不予政务处分】公职人员违法行为情节轻微，且具有本法第十一条规定的情形之一的，可以对其进行谈话提醒、批评教育、责令检查或者予以诫勉，免予或者不予政务处分。

公职人员因不明真相被裹挟或者被胁迫参与违法活动，经批评教育后确有悔改表现的，可以减轻、免予或者不予政务处分。

第十三条 【从重给予政务处分】公职人员有下列情形之一的，应当从重给予政务处分：

（一）在政务处分期内再次故意违法，应当受到政务处分的；

（二）阻止他人检举、提供证据的；

（三）串供或者伪造、隐匿、毁灭证据的；

（四）包庇同案人员的；

（五）胁迫、唆使他人实施违法行为的；

（六）拒不上交或者退赔违法所得的；

（七）法律、法规规定的其他从重情节。

第十四条 【开除与撤职】公职人员犯罪，有下列情形之一的，予以开除：

（一）因故意犯罪被判处管制、拘役或者有期徒刑以上刑罚（含宣告缓刑）的；

（二）因过失犯罪被判处有期徒刑，刑期超过三年的；

（三）因犯罪被单处或者并处剥夺政治权利的。

因过失犯罪被判处管制、拘役或者三年以下有期徒刑的，一般应当予以开除；案件情况特殊，予以撤职更为适当的，可以不予开除，但是应当报请上一级机关批准。

公职人员因犯罪被单处罚金，或者犯罪情节轻微，人民检察院依法作出不起诉决定或者人民法院依法免予刑事处罚的，予以撤职；造成不良影响的，予以开除。

第十五条 【有两个以上违法行为的政务处分合并适用】公职人员有两个以上违法行为的，应当分别确定政务处分。应当给予两种以上政务处分的，执行其中最重的政务处分；应当给予撤职以下多个相同政务处分的，可以在一个政务处分期以上、多个政务处分期之和以下确定政务处分期，但是最长不得超过四十八个月。

第十六条 【对同一违法行为不得重复给予政务处分】对公职人员的同一违法行为，监察机关和公职人员任免机关、单位不得重复给予政务处分和处分。

第十七条 【组织处理与政务处分的并行】公职人员有违法行为，有关机关依照规定给予组织处理的，监察机关可以同时给予政务处分。

第十八条 【担任领导职务的公职人员的政务处分】担任领导职务的公职人员有违法行为，被罢免、撤销、免去或者辞去领导职务的，监察机关可以同时给予政务处分。

第十九条 【公务员在政务处分期内的晋升限制】公务员以及参照《中华人民共和国公务员法》管理的人员在政务处分期内，不得晋升职务、职级、衔级和级别；其中，被记过、记大过、降级、撤职的，不得晋升工资档次。被撤职的，按照规定降低职务、职级、衔级和级别，同时降低工资和待遇。

第二十条 【有关组织中从事公务的人员、事业单位管理人员在政务处分期内的晋升限制】法律、法规授权或者受国家机关依法委托管理公共事务的组织中从事公务的人员，以及公办的教育、科研、文化、医疗卫生、体育等单位中从事管理的人员，在政务处分期内，不得晋升职务、岗位和职员等级、职称；其中，被记过、记大过、降级、撤职的，不得晋升薪酬待遇等级。被撤职的，降低职务、岗位或者职员等级，同时降低薪酬待遇。

第二十一条 【国有企业管理人员在政务处分期内的晋升限制】国有企业管理人员在政务处分期内，不得晋升职务、岗位等级和职称；其中，被记过、记大过、降级、撤职的，不得晋升薪酬待遇等级。被撤职的，降低职务或者岗位等级，同时降低薪酬待遇。

第二十二条 【基层群众性自治组织管理人员的政务处分类型】基层群众性自治组织中从事管理的人员有违法行为的，监察机关可以予以警告、记过、记大过。

基层群众性自治组织中从事管理的人员受到政务处分的，应当由县级或者乡镇人民政府根据具体情况减发或者扣发补贴、奖金。

第二十三条 【其他公职人员的政务处分】《中华人民共和国监察法》第十五条第六项规定的人员有违法行为的，监察机关可以予以警告、记过、记大过。情节严重的，由所在单位直接给予或者监察机关建议有关机关、单位给予降低薪酬待遇、调离岗位、解除人事关系或者劳动关系等处理。

《中华人民共和国监察法》第十五条第二项规定的人员，未担任公务员、参照《中华人民共和国公务员法》管理的人员、事业单位工作人员或者国有企业人员职务的，对其违法行为依照前款规定处理。

第二十四条 【被开除后不得录用为公务员】公职人员被开除，或者依照本法第二十三条规定，受到解除人事关系或者劳动关系处理的，不得录用为公务员以及参照

《中华人民共和国公务员法》管理的人员。

第二十五条 【对违法财物、利益的处理】公职人员违法取得的财物和用于违法行为的本人财物，除依法应当由其他机关没收、追缴或者责令退赔的，由监察机关没收、追缴或者责令退赔；应当退还原所有人或者原持有人的，依法予以退还；属于国家财产或者不应当退还以及无法退还的，上缴国库。

公职人员因违法行为获得的职务、职级、衔级、级别、岗位和职员等级、职称、待遇、资格、学历、学位、荣誉、奖励等其他利益，监察机关应当建议有关机关、单位、组织按规定予以纠正。

第二十六条 【政务处分的解除】公职人员被开除的，自政务处分决定生效之日起，应当解除其与所在机关、单位的人事关系或者劳动关系。

公职人员受到开除以外的政务处分，在政务处分期内有悔改表现，并且没有再发生应当给予政务处分的违法行为的，政务处分期满后自动解除，晋升职务、职级、衔级、级别、岗位和职员等级、职称、薪酬待遇不再受原政务处分影响。但是，解除降级、撤职的，不恢复原职务、职级、衔级、级别、岗位和职员等级、职称、薪酬待遇。

第二十七条　【退休、离职、死亡的公职人员的政务处分】已经退休的公职人员退休前或者退休后有违法行为的，不再给予政务处分，但是可以对其立案调查；依法应当予以降级、撤职、开除的，应当按照规定相应调整其享受的待遇，对其违法取得的财物和用于违法行为的本人财物依照本法第二十五条的规定处理。

已经离职或者死亡的公职人员在履职期间有违法行为的，依照前款规定处理。

第三章　违法行为及其适用的政务处分

第二十八条　【对损害宪法权威、党的领导、国家利益等行为的政务处分】有下列行为之一的，予以记过或者记大过；情节较重的，予以降级或者撤职；情节严重的，予以开除：

（一）散布有损宪法权威、中国共产党领导和国家声誉的言论的；

（二）参加旨在反对宪法、中国共产党领导和国家的集会、游行、示威等活动的；

（三）拒不执行或者变相不执行中国共产党和国家的路线方针政策、重大决策部署的；

（四）参加非法组织、非法活动的；

（五）挑拨、破坏民族关系，或者参加民族分裂活动的；

（六）利用宗教活动破坏民族团结和社会稳定的；

（七）在对外交往中损害国家荣誉和利益的。

有前款第二项、第四项、第五项和第六项行为之一的，对策划者、组织者和骨干分子，予以开除。

公开发表反对宪法确立的国家指导思想，反对中国共产党领导，反对社会主义制度，反对改革开放的文章、演说、宣言、声明等的，予以开除。

第二十九条 【对不按规定请示、报告及篡改档案资料等行为的政务处分】不按照规定请示、报告重大事项，情节较重的，予以警告、记过或者记大过；情节严重的，予以降级或者撤职。

违反个人有关事项报告规定，隐瞒不报，情节较重的，予以警告、记过或者记大过。

篡改、伪造本人档案资料的，予以记过或者记大过；情节严重的，予以降级或者撤职。

第三十条 【对违反民主集中制、拒不执行上级决定行为的政务处分】有下列行为之一的，予以警告、记过或者记大过；情节严重的，予以降级或者撤职：

（一）违反民主集中制原则，个人或者少数人决定重大事项，或者拒不执行、擅自改变集体作出的重大决定的；

（二）拒不执行或者变相不执行、拖延执行上级依法作出的决定、命令的。

第三十一条 【对违规出境、办理因私出境证件、取得外国国籍等行为的政务处分】违反规定出境或者办理因私出境证件的，予以记过或者记大过；情节严重的，予以降级或者撤职。

违反规定取得外国国籍或者获取境外永久居留资格、长期居留许可的，予以撤职或者开除。

第三十二条 【对违反干部人事工作规定、骗取职务、打击报复、诬告陷害、破坏选举等行为的政务处分】有下列行为之一的，予以警告、记过或者记大过；情节较重的，予以降级或者撤职；情节严重的，予以开除：

（一）在选拔任用、录用、聘用、考核、晋升、评选等干部人事工作中违反有关规定的；

（二）弄虚作假，骗取职务、职级、衔级、级别、岗位和职员等级、职称、待遇、资格、学历、学位、荣誉、奖励或者其他利益的；

（三）对依法行使批评、申诉、控告、检举等权利的行为进行压制或者打击报复的；

（四）诬告陷害，意图使他人受到名誉损害或者责任追究等不良影响的；

（五）以暴力、威胁、贿赂、欺骗等手段破坏选举的。

第三十三条　【对贪污贿赂、以权谋私等行为的政务处分】有下列行为之一的，予以警告、记过或者记大过；情节较重的，予以降级或者撤职；情节严重的，予以开除：

（一）贪污贿赂的；

（二）利用职权或者职务上的影响为本人或者他人谋取私利的；

（三）纵容、默许特定关系人利用本人职权或者职务上的影响谋取私利的。

拒不按照规定纠正特定关系人违规任职、兼职或者从事经营活动，且不服从职务调整的，予以撤职。

第三十四条　【对违规收受、赠送礼品及接受宴请等行为的政务处分】收受可能影响公正行使公权力的礼品、礼金、有价证券等财物的，予以警告、记过或者记大过；情节较重的，予以降级或者撤职；情节严重的，予以开除。

向公职人员及其特定关系人赠送可能影响公正行使公

权力的礼品、礼金、有价证券等财物，或者接受、提供可能影响公正行使公权力的宴请、旅游、健身、娱乐等活动安排，情节较重的，予以警告、记过或者记大过；情节严重的，予以降级或者撤职。

第三十五条　【对违规发放薪酬福利、享受超标准待遇、违规公款消费行为的政务处分】有下列行为之一，情节较重的，予以警告、记过或者记大过；情节严重的，予以降级或者撤职：

（一）违反规定设定、发放薪酬或者津贴、补贴、奖金的；

（二）违反规定，在公务接待、公务交通、会议活动、办公用房以及其他工作生活保障等方面超标准、超范围的；

（三）违反规定公款消费的。

第三十六条　【对违规从事营利性活动或兼职行为的政务处分】违反规定从事或者参与营利性活动，或者违反规定兼任职务、领取报酬的，予以警告、记过或者记大过；情节较重的，予以降级或者撤职；情节严重的，予以开除。

第三十七条　【对利用、包庇宗族、黑恶势力行为的政务处分】利用宗族或者黑恶势力等欺压群众，或者纵容、包庇黑恶势力活动的，予以撤职；情节严重的，予以开除。

第三十八条 【对侵犯管理服务对象利益行为的政务处分】有下列行为之一，情节较重的，予以警告、记过或者记大过；情节严重的，予以降级或者撤职：

（一）违反规定向管理服务对象收取、摊派财物的；

（二）在管理服务活动中故意刁难、吃拿卡要的；

（三）在管理服务活动中态度恶劣粗暴，造成不良后果或者影响的；

（四）不按照规定公开工作信息，侵犯管理服务对象知情权，造成不良后果或者影响的；

（五）其他侵犯管理服务对象利益的行为，造成不良后果或者影响的。

有前款第一项、第二项和第五项行为，情节特别严重的，予以开除。

第三十九条 【对滥用职权、玩忽职守、形式主义、官僚主义、弄虚作假、泄露秘密等行为的政务处分】有下列行为之一，造成不良后果或者影响的，予以警告、记过或者记大过；情节较重的，予以降级或者撤职；情节严重的，予以开除：

（一）滥用职权，危害国家利益、社会公共利益或者侵害公民、法人、其他组织合法权益的；

（二）不履行或者不正确履行职责，玩忽职守，贻误工作的；

（三）工作中有形式主义、官僚主义行为的；

（四）工作中有弄虚作假、误导、欺骗行为的；

（五）泄露国家秘密、工作秘密，或者泄露因履行职责掌握的商业秘密、个人隐私的。

第四十条　【对严重违反家庭美德、社会公德行为的政务处分】 有下列行为之一的，予以警告、记过或者记大过；情节较重的，予以降级或者撤职；情节严重的，予以开除：

（一）违背社会公序良俗，在公共场所有不当行为，造成不良影响的；

（二）参与或者支持迷信活动，造成不良影响的；

（三）参与赌博的；

（四）拒不承担赡养、抚养、扶养义务的；

（五）实施家庭暴力，虐待、遗弃家庭成员的；

（六）其他严重违反家庭美德、社会公德的行为。

吸食、注射毒品，组织赌博，组织、支持、参与卖淫、嫖娼、色情淫乱活动的，予以撤职或者开除。

第四十一条　【对其他影响公职人员形象、损害国家和人民利益行为的政务处分】公职人员有其他违法行为，影响公职人员形象，损害国家和人民利益的，可以根据情节轻重给予相应政务处分。

第四章　政务处分的程序

第四十二条　【调查程序】监察机关对涉嫌违法的公职人员进行调查，应当由二名以上工作人员进行。监察机关进行调查时，有权依法向有关单位和个人了解情况，收集、调取证据。有关单位和个人应当如实提供情况。

严禁以威胁、引诱、欺骗及其他非法方式收集证据。以非法方式收集的证据不得作为给予政务处分的依据。

第四十三条　【告知被调查人、听取陈述和申辩】作出政务处分决定前，监察机关应当将调查认定的违法事实及拟给予政务处分的依据告知被调查人，听取被调查人的陈述和申辩，并对其陈述的事实、理由和证据进行核实，记录在案。被调查人提出的事实、理由和证据成立的，应予采纳。不得因被调查人的申辩而加重政务处分。

第四十四条　【调查终结后的处理】调查终结后，监察机关应当根据下列不同情况，分别作出处理：

（一）确有应受政务处分的违法行为的，根据情节轻重，按照政务处分决定权限，履行规定的审批手续后，作出政务处分决定；

（二）违法事实不能成立的，撤销案件；

（三）符合免予、不予政务处分条件的，作出免予、不予政务处分决定；

（四）被调查人涉嫌其他违法或者犯罪行为的，依法移送主管机关处理。

第四十五条 【制作政务处分决定书】决定给予政务处分的，应当制作政务处分决定书。

政务处分决定书应当载明下列事项：

（一）被处分人的姓名、工作单位和职务；

（二）违法事实和证据；

（三）政务处分的种类和依据；

（四）不服政务处分决定，申请复审、复核的途径和期限；

（五）作出政务处分决定的机关名称和日期。

政务处分决定书应当盖有作出决定的监察机关的印章。

第四十六条 【送达并告知相关单位】政务处分决

定书应当及时送达被处分人和被处分人所在机关、单位，并在一定范围内宣布。

作出政务处分决定后，监察机关应当根据被处分人的具体身份书面告知相关的机关、单位。

第四十七条 【工作回避】参与公职人员违法案件调查、处理的人员有下列情形之一的，应当自行回避，被调查人、检举人及其他有关人员也有权要求其回避：

（一）是被调查人或者检举人的近亲属的；

（二）担任过本案的证人的；

（三）本人或者其近亲属与调查的案件有利害关系的；

（四）可能影响案件公正调查、处理的其他情形。

第四十八条 【回避决定】监察机关负责人的回避，由上级监察机关决定；其他参与违法案件调查、处理人员的回避，由监察机关负责人决定。

监察机关或者上级监察机关发现参与违法案件调查、处理人员有应当回避情形的，可以直接决定该人员回避。

第四十九条 【受到刑事追究或行政处罚后给予政务处分】公职人员依法受到刑事责任追究的，监察机关应当根据司法机关的生效判决、裁定、决定及其认定的事实和情节，依照本法规定给予政务处分。

公职人员依法受到行政处罚，应当给予政务处分的，监察机关可以根据行政处罚决定认定的事实和情节，经立案调查核实后，依照本法给予政务处分。

监察机关根据本条第一款、第二款的规定作出政务处分后，司法机关、行政机关依法改变原生效判决、裁定、决定等，对原政务处分决定产生影响的，监察机关应当根据改变后的判决、裁定、决定等重新作出相应处理。

第五十条　【对各级人大代表、政协委员给予政务处分的特殊规定】监察机关对经各级人民代表大会、县级以上各级人民代表大会常务委员会选举或者决定任命的公职人员予以撤职、开除的，应当先依法罢免、撤销或者免去其职务，再依法作出政务处分决定。

监察机关对经中国人民政治协商会议各级委员会全体会议或者其常务委员会选举或者决定任命的公职人员予以撤职、开除的，应当先依章程免去其职务，再依法作出政务处分决定。

监察机关对各级人民代表大会代表、中国人民政治协商会议各级委员会委员给予政务处分的，应当向有关的人民代表大会常务委员会，乡、民族乡、镇的人民代表大会主席团或者中国人民政治协商会议委员会常务委员会通报。

第五十一条 【指定管辖调查终结后的处理】下级监察机关根据上级监察机关的指定管辖决定进行调查的案件，调查终结后，对不属于本监察机关管辖范围内的监察对象，应当交有管理权限的监察机关依法作出政务处分决定。

第五十二条 【立案调查期间暂停履职及其他限制】公职人员涉嫌违法，已经被立案调查，不宜继续履行职责的，公职人员任免机关、单位可以决定暂停其履行职务。

公职人员在被立案调查期间，未经监察机关同意，不得出境、辞去公职；被调查公职人员所在机关、单位及上级机关、单位不得对其交流、晋升、奖励、处分或者办理退休手续。

第五十三条 【对受到不实检举、控告或诬告陷害的处理】监察机关在调查中发现公职人员受到不实检举、控告或者诬告陷害，造成不良影响的，应当按照规定及时澄清事实，恢复名誉，消除不良影响。

第五十四条 【政务处分决定书的存档及职务、工资待遇的变更】公职人员受到政务处分的，应当将政务处分决定书存入其本人档案。对于受到降级以上政务处分的，应当由人事部门按照管理权限在作出政务处分决定后一个月内办理职务、工资及其他有关待遇等的变更手续；特殊情况下，经批准可以适当延长办理期限，但是最长不得超过六个月。

第五章 复审、复核

第五十五条 【申请复审、复核】公职人员对监察机关作出的涉及本人的政务处分决定不服的，可以依法向作出决定的监察机关申请复审；公职人员对复审决定仍不服的，可以向上一级监察机关申请复核。

监察机关发现本机关或者下级监察机关作出的政务处分决定确有错误的，应当及时予以纠正或者责令下级监察机关及时予以纠正。

第五十六条 【复审、复核期间不停止执行、不加重政务处分】复审、复核期间，不停止原政务处分决定的执行。

公职人员不因提出复审、复核而被加重政务处分。

第五十七条 【撤销原政务处分决定并重新作出决定的情形】有下列情形之一的，复审、复核机关应当撤销原政务处分决定，重新作出决定或者责令原作出决定的监察机关重新作出决定：

（一）政务处分所依据的违法事实不清或者证据不足的；

（二）违反法定程序，影响案件公正处理的；

（三）超越职权或者滥用职权作出政务处分决定的。

第五十八条　【变更原政务处分决定的情形】有下列情形之一的，复审、复核机关应当变更原政务处分决定，或者责令原作出决定的监察机关予以变更：

（一）适用法律、法规确有错误的；

（二）对违法行为的情节认定确有错误的；

（三）政务处分不当的。

第五十九条　【维持原政务处分决定】复审、复核机关认为政务处分决定认定事实清楚，适用法律正确的，应当予以维持。

第六十条　【政务处分决定被变更、撤销后的处理】公职人员的政务处分决定被变更，需要调整该公职人员的职务、职级、衔级、级别、岗位和职员等级或者薪酬待遇等的，应当按照规定予以调整。政务处分决定被撤销的，应当恢复该公职人员的级别、薪酬待遇，按照原职务、职级、衔级、岗位和职员等级安排相应的职务、职级、衔级、岗位和职员等级，并在原政务处分决定公布范围内为其恢复名誉。没收、追缴财物错误的，应当依法予以返还、赔偿。

公职人员因有本法第五十七条、第五十八条规定的情形被撤销政务处分或者减轻政务处分的，应当对其薪酬待遇受到的损失予以补偿。

第六章 法律责任

第六十一条 【对无正当理由拒不采纳监察建议的处理】有关机关、单位无正当理由拒不采纳监察建议的，由其上级机关、主管部门责令改正，对该机关、单位给予通报批评，对负有责任的领导人员和直接责任人员依法给予处理。

第六十二条 【对拒不执行政务处分决定、拒不配合调查、打击报复、诬告陷害等行为的处理】有关机关、单位、组织或者人员有下列情形之一的，由其上级机关，主管部门，任免机关、单位或者监察机关责令改正，依法给予处理：

（一）拒不执行政务处分决定的；

（二）拒不配合或者阻碍调查的；

（三）对检举人、证人或者调查人员进行打击报复的；

(四) 诬告陷害公职人员的;

(五) 其他违反本法规定的情形。

第六十三条 【对监察机关及其工作人员违规办案行为的处理】 监察机关及其工作人员有下列情形之一的,对负有责任的领导人员和直接责任人员依法给予处理:

(一) 违反规定处置问题线索的;

(二) 窃取、泄露调查工作信息,或者泄露检举事项、检举受理情况以及检举人信息的;

(三) 对被调查人或者涉案人员逼供、诱供,或者侮辱、打骂、虐待、体罚或者变相体罚的;

(四) 收受被调查人或者涉案人员的财物以及其他利益的;

(五) 违反规定处置涉案财物的;

(六) 违反规定采取调查措施的;

(七) 利用职权或者职务上的影响干预调查工作、以案谋私的;

(八) 违反规定发生办案安全事故,或者发生安全事故后隐瞒不报、报告失实、处置不当的;

(九) 违反回避等程序规定,造成不良影响的;

(十) 不依法受理和处理公职人员复审、复核的;

（十一）其他滥用职权、玩忽职守、徇私舞弊的行为。

第六十四条 【构成犯罪的依法追究刑事责任】违反本法规定，构成犯罪的，依法追究刑事责任。

第七章 附 则

第六十五条 【对事业单位、国有企业公职人员的政务处分的具体规定制定】国务院及其相关主管部门根据本法的原则和精神，结合事业单位、国有企业等的实际情况，对事业单位、国有企业等的违法的公职人员处分事宜作出具体规定。

第六十六条 【中央军事委员会根据本法制定具体规定】中央军事委员会可以根据本法制定相关具体规定。

第六十七条 【时间效力】本法施行前，已结案的案件如果需要复审、复核，适用当时的规定。尚未结案的案件，如果行为发生时的规定不认为是违法的，适用当时的规定；如果行为发生时的规定认为是违法的，依照当时的规定处理，但是如果本法不认为是违法或者根据本法处理较轻的，适用本法。

第六十八条 【施行时间】本法自2020年7月1日起施行。